A Luz Romero y a las buenas gentes de Piornedo

CUENTOS DEL GORRIÓN QUE LEÍA FILOSOFÍA

JORGE I. AGUADERO CASADO

Ilustrado por

LANA LAZAR

Título original:

CUENTOS DEL GORRIÓN QUE LEÍA FILOSOFÍA

OPOSBOX SL

C/Rodrigo Caro, 73 08914, Barcelona (España)

https://comtebarcelona.com

Primera edición: Mayo de 2020

ISBN: 978-84-121877-0-0 (Paperback)

978-84-121877-1-7 (E-book)

JORGE I. AGUADERO CASADO

www.aguaderocasado.com

@aguaderocasado

Jorge I. Aguadero Casado (Barcelona, España, 2 de marzo de 1974) es novelista, dramaturgo, letrista y guionista. Es el primer occidental que escribe con regularidad artículos de opinión sobre política internacional y sobre cultura en el prestigioso Global Times (China).

Aguadero impartió su primera conferencia, sobre las obras de Eurípides y sobre las suyas propias, en el Salón de Grados de la Universidad de Barcelona, siendo aún estudiante de Filosofía.

Obras suyas son "El vendedor de sueños" (novela, Comte Barcelona [España, 2020], Ediciones B [México, 2017], prologada por el finalista del Nobel de Literatura Fernando Arrabal), "Magnus Carlsen, Campeón del s. XXI" (colaboración con Miguel Illescas y otros autores, EDAMI, España, 2017), "Ajedrez para peques y sus monitores" (obra científica, Esfera, Ando-rra, 2010) y "Yo, Eurípides el griego. Yo, poeta" (novela histórica, Egido, España, 2003).

Escribe entrevistas y es redactor jefe de la revista de ajedrez "Peón de Rey" y, esporádicamente, publica en diarios como el prestigioso People ś Daily (China), La Vanguardia, United Times China y Béjar en Madrid.

Fue copresentador del popular programa de radio "Les Nits" (Com Ràdio) de 2001 a 2004, además de ser invitado ocasional en diversos medios de comunicación.

Ha entrevistado a relevantes figuras de la cultura, como el finalista del Nobel de Literatura 2005 Fernando Arrabal (autor, además, del logotipo de Aguadero) y los campeones mundiales de ajedrez Anatoli Kárpov, Anand Viswanathan y Vladímir Krámnik.

Aguadero fue miembro fundador y letrista de la banda de *hard rock* "MADAM HITE" (MADAM HITE, 2011), tocando en salas de Barcelona (Vivaldi, Museu del Rock, Mephisto) y de Madrid (Caracol), primer conjunto en tocar en el Circuït de Montmeló (MOTO GP). También ha escrito libretos para música sinfónica.

Otra faceta de Aguadero es su labor como guionista de cine y de televisión.

Como ajedrecista, ganó el Premio de Belleza en el Obert Internacional del Foment (2016) y es un relevante entrenador. También es miembro fundador y director técnico del Club d´Escacs Vila Olímpica. Ha sido dele-gado del Programa de Detección de Talentos de la Federación Catalana de Ajedrez y del Comité Antitrampas de la misma federación.

ACERCA DE LA ILUSTRADORA

LANA LAZAR

Nacida en la capital de Bielorrusia (Minsk, 1964), la pintora Svetlana Lazar Arlova es una artista de sólida formación clásica, perfeccionada en la Escuela de Arte de Glevob. Conocida por el sobrenombre artístico "Lana Lazar", cultiva diferentes estilos, abarcando desde motivos iconográficos (herencia de su bisabuelo, el prestigioso Arsenio Arlov, conocido como "el Pintor de Dios", de quien se conservan iconos en iglesias ortodoxas de Minsk), hasta la abstracción.

Lana Lazar, cuyas obras forman parte de colecciones privadas, es una reconocida retratista. También, ha ampliado su carrera con reconocidos trabajos escenográficos en obras de teatro, siendo diseñadora y decoradora de escenarios, además de cartelista. En España, ha pintado cuadros por encargo del Ayuntamiento de Cádiz, formando parte del patrimonio artístico de la ciudad.

La artista de Minsk comenzó a exponer sus obras desde joven, ampliando sus exposiciones desde su Bielorrusia natal hasta Alemania, España y Estados Unidos.
En suma, la ilustradora de estos "Cuentos del gorrión que leía filosofía" es pieza clave para entender la evolución del arte moderno en Bielorrusia.

CAPÍTULO I

Los gorriones son pajarillos muy singulares. No tienen la majestuosidad de las águilas. Tampoco, la inteligencia de los búhos. Ni la velocidad de los halcones. Les falta, también, el sigilo de las lechuzas. Pero, a cambio de carecer de estas virtudes, esas adorables avecillas gozan de un entusiasmo como ningunas otras en la naturaleza. ¡Verlos revolotear es tener el sol en el corazón mil años!

Abril, seducida por el modo despreocupado de vivir su adolescencia, solo era feliz cuando iba al bosque a ensimismarse tocando el violín que le habían regalado sus padres. No era una gran solista, ni iba a serlo, pero cuando tocaba sentía que era otra persona. A sus dieciséis años empezaba a descubrir la vida y, con esos ojos nuevos, habían asomado las dudas. Desde niña había estado dando por bueno lo que le enseñaron sus padres, lo que aprendió en la escuela. Pero descubrió, con desasosiego, que en quienes más confiaba le habían contado muchas mentiras. ¿Cómo adentrarse en las sombras tenebrosas de un entorno que se iba desdibujando más cuanto más profundamente penetraba en él? Nadie le había preguntado nunca qué tipo de persona quería ser y, por eso, a veces se alzaba hasta tocar los cielos y luego, sin un motivo que lo justificase, se hundía en la insignificancia. Por eso, como decíamos, tocaba el violín. Así era otra persona y, si se equivocaba, no pasaba nada.

La vida de los gorriones le parecía mejor que la suya. En el nido solo tenían que abrir el pico para que les diesen de comer y después, simplemente, echaban a volar para no volver jamás. ¡No era complicado! En cambio, a ella le angustiaba la presión de las cosas pequeñas, eso que se oculta tras lo que dicen los adultos, quienes siempre están convencidos de llevar la razón. Y la jovencita, aburrida, hacía ver que escuchaba mientras parloteaban sin cesar.

Abril solo era una chica tranquila en un pequeño pueblo, cuyo corazón no se encontraba preparado para madurar. Una más, entre tantas, confundida. Por eso, y por el ruido insoportable de la hierba al crecer, una mañana no llegó al instituto. Simplemente pasó de largo, internándose en la profundidad del bosque de árboles y colores cambiantes, con la mente prendida en la idea de no molestar. Se había puesto a caminar, a caminar, a caminar...

Se halló, de pronto, alejada de la espesa polvareda del camino, en el corazón de una arboleda. Las copas se extendían por el cielo, ¡eran dedos gigantes de manos siniestras!, filtrando los rayos de sol para crear una red de luces y sombras fantasmagórica. ¡Cualquier otra chiquilla se habría asustado! Mas el alma de Abril estaba lejos de esas emociones, así como lo estaba de cualquier otro sitio.

Era, como muchas chicas de su generación, una jovencita promedio, pero amaba leer y, cuando se ponía melancólica, soñaba con hacer algo importante en la vida. "¿Qué me está permitido conocer?". La gran pregunta se adueñó de su mente. Se había presentado como un amor que llega, besa y se va, para enseñorearse caprichosamente de ella, para dejarla en un estado de inquietud.

Abril, con su sencillo vestido de vuelo, era inconfundible y contradictoria: lo mismo gritaba en silencio "¡libertad!" que escondía el rostro entre las manos para romperse y llorar. Era una chiquilla despistada, inconstante en los estudios. En clase trataba de pasar desapercibida, pero leía a escondidas y siempre, siempre, se quedaba con ganas de aprender más. También le gustaba imaginar que jugaba con las criaturas del bosque, pues no juzgaban su extraña relación con la ortografía y con la semántica. En el fondo, era consciente de que tenía amigos que la querían, pero le acompañaba un hondo sentimiento de soledad del que, lo sabía, nunca conseguiría despojarse. Con cada sueño en el que una mano protectora le acariciaba los dedos, se tejía alrededor de ella una suerte de armadura de algodón que la salvaba del sentido trágico de la existencia que tienen los adolescentes que han crecido sin hermanos.

Siguió caminando por un tiempo, hasta que llegó a un claro. Allí, por alguna extraña razón, el aire era menos frío. Casi, cálido. Acariciaba el rostro como ramas de sauce, tenía el efecto de calmar el espíritu como lo hacen sobre las mejillas las manos de una madre.

La joven se sentó al abrigo de un gran pino, sobre una piedra. Podría inspirarse con la llamada de los polluelos en los nidos, con el zumbido de las abejas recogiendo polen, con el sonido del arpa de hierba al mecerse las finas hebras. Sacó el violín de su caja. Apoyó el instrumento en el hombro, sin prisas. Ladeó la cabeza. Entrecerró los ojos. Se mordió el labio inferior con delicadeza, flagelando al mundo con suspiros.

Los dedos de la muchacha acariciaron las cuerdas del instrumento sin prisas. ¡Se tomaba todo el tiempo del mundo entre nota y nota, para poner su alma en la música! El violín susurró una melodía cadenciosa que habría conmovido a cualquiera que la hubiese escuchado, pero estaba sola. Tocó largo rato hasta que, anunciada su llegada por el temblor de la tierra bajo la hierba, un furioso gigante de piedra salió de la vegetación al tiempo que exclamaba con voz atronadora:

-¡Has matado a mis hijos! ¡Ahora yo te mataré a ti!

-¡No he matado a nadie! -trató de defenderse Abril-. ¡Solo soy una chica!

El gigante de piedra echaba humo por la boca al hablar, tal era su ira.

-¡Tú, mentirosa, los has matado con tu música! ¡Es tan triste que les ha partido el corazón! ¡Ahora yacen muertos por tu culpa!

La joven apartó la mirada e hizo un mohín, no cabía en su mente que una música hermosa pudiese hacer daño.

-¡Asesina! -volvió a vociferar el gigante de piedra-. ¡Vas a ir al mismo lugar al que han ido mis retoños!

Entonces, saltando tras unos matorrales, un conejo muy bien vestido salió a su encuentro.

-¡Detente! -dijo el señor conejo-. ¡Oh, poderoso gigante! ¿De qué te servirá matarla? ¿Eso va a devolverte a tus hijos?

-¿A ti quién te ha llamado, conejo? ¿Es que quieres acabar como ella?

El gigante de piedra no atendía a razones, solo quería vengarse. ¡Le devoraba por dentro un dolor insoportable!

-¿Buscas justicia? -preguntó el señor conejo, intentando ganar tiempo.

-¡Aquí no hay nada que discutir! ¡Ha matado a mis hijos y debe morir!

Abril, conmocionada, aceptaba el castigo sin oponer resistencia. La lógica que encerraban las palabras del gigante de piedra era muy simple, hasta una adolescente la entendía. La entristeció, no obstante, que esa noche iban a echarla de menos en casa. "Pero mañana todos tendrán otras cosas de las que ocuparse y nadie se acordará de mí", pensó aliviada. Sin decir nada, dejó escapar el aire de sus labios. Entonces, alzó la mirada y contempló las nubes una vez más antes de morir aplastada por el inmenso puño de piedra que pendulaba amenazante sobre su cabeza.

-¡No la mates! -imploró el señor conejo.

-¿Por qué? -preguntó, muy serio, el gigante de piedra-. ¡Los tuyos saben mejor que nadie lo dañina que es esta plaga para el bosque!

Abril, inocente como el universo sin dioses que rige el pensamiento ingenuo de quien despierta a la pubertad, pensó en las maravillosas canciones que a su violín le quedaban por cantar. "Llegarán otras manos, encontrará a alguien mejor que yo. ¡Pero qué pena me da, mi violín, solo y perdido en el bosque!", conjeturó, rendida a la muerte que llegaba.

-¡Huye, tú que puedes! -rogó la joven al señor conejo. Pero el campeón de la adolescente, cuyo corazón vibraba como el de los valientes, siguió latiendo mientras decía al terrible vengador:

-La vida de la chica importa porque, si no fueses capaz de apreciarla, ¿de qué te serviría ser grande como una montaña? Ni podrías apreciar la oscuridad del cielo nocturno si no te emocionase el brillo de la pequeña estrella que brilla, una mota de polvo para los que no saben mirar con el corazón.

El gigante de piedra detuvo el avance de su imponente puño; a la jovencita el momento se le hizo eterno, se preguntó si se hallaba en el cielo.

-¿Has visto sus ojos? ¿Ves cómo brilla en ellos la inocencia? -siguió diciendo el señor conejo.

Los ojos de Abril conservaban la ingenuidad de sus dieciséis años, lo que tuvo el efecto de hacer que el gigante de piedra escuchase las razones de su pequeño interlocutor.

-La chica no sabía que los gigantes de piedra son muy sensibles y que, por eso, evitan el contacto con los humanos. ¿Cómo podía sospechar que haría daño a tus retoños? ¿Qué culpa tiene ella de la ignorancia de su especie? ¡Tampoco sabía que los conejos hablamos, aunque sea tan evidente!

-¡Pero ha matado a mis hijos! ¡Ahora yo tomaré su vida!

-Amigo gigante -continuó diciendo el señor conejo-. No la culpes por ser humana. ¡Ella no eligió nacer así!

Abril se mordió tiernamente el labio superior. Encarnaba el dolor inconsciente que las personas causan al mundo, lo mismo que las tormentas arrasan los campos sin que las bobaliconas nubes sepan que son ellas las causantes de toda esa destrucción.

-Todas las cosas en el universo están conectadas, lo mismo que las criaturas del bosque tenemos que ver las unas con las otras. ¡Hasta aquellos que odiamos son necesarios para mantener el equilibrio! ¿O no es gracias a nuestros enemigos, los lobos, que los conejos mantenemos nuestra población a raya?

El gigante de piedra prestó atención al argumento del señor conejo. Vio con claridad que, en un bosque sin lobos, esas simpáticas criaturas crecerían tanto en número que devorarían hasta el último brote verde y que, en poco tiempo, ellos mismos morirían de hambre al no poderse alimentar de nuevas hierbas.

-¿Y cuál es esa red, que irradia de la propia madre Tierra, en forma de partículas que son todas iguales aunque nuestras formas sean distintas?

El gigante de piedra sintió la picazón de la curiosidad como pajarillos revoloteándole en la cabeza.

-¡La rabia! -respondió golpeándose las pantorrillas con las palmas.

-¡Te equivocas, oh poderoso gigante! -le corrigió el señor conejo-. ¡Es el agua! ¡El agua!

El señor conejo acompañó sus palabras con una danza, alegre y varonil, que recordó a las gotas de lluvia rompiendo la paz nocturna de un lago.

-¡A mí no me importa el agua! -declaró el coloso, enfurecido.

-¡Pues debería! -osó decir el señor conejo-. ¡El agua de tu cuerpo, aunque seas de piedra y tengas poca, es igual que la mía! ¡Igual que la de esta chica!

¡Igual que la de cada planta que haya nacido en este bosque! ¡Igual, gigante, que la de las flores que saludarán al sol cuando no haga falta que nadie se acuerde de nosotros!

Al gigante de piedra le pasó por la mente que el agua podía derribar montañas, ya fuese por erosión o golpeándolas con violencia y que, de modo sutil, tomaba forma de efluvio para entrar en su cuerpo y morderle las articulaciones cuando refrescaba por las noches. ¡Pero la joven había matado a sus hijos! Se le torció la mirada y el señor conejo, al verlo, suplicó de nuevo:

-¡Deja que te cuente una historia antes de que la mates!

-¡No hay tiempo! ¡No perdono! ¡Debo vengarme!

-¡Mátame a mí con ella si mi historia no te complace, poderoso gigante de piedra! Pues, ¿no es la vida como un torrente, en el que historias viejas ceden el paso a narraciones nuevas? Toma mi vida, que ya está hecha, y permite que la chica siga elaborando la suya.

La propuesta hizo vacilar al furioso vengador. Apreciaba las buenas historias y, pensó, "no pierdo nada por escuchar y, si no me gusta, morirán los dos".

-Escucharé tu historia, conejo. ¡Pero si no me gusta acabaréis muertos! -le conminó el gigante de piedra-. ¡Y date prisa!

El apremio no era trivial. Horas después, al caer la noche, el gigante de piedra entraría en letargo durante los siguientes mil años. Todos los gigantes de piedra deben hacerlo la última noche de otoño, cuando les llega el momento. ¡Pobre chica, qué diferente habría sido su destino de haberse internado en el bosque solo un día más tarde!

Y el señor conejo, más preocupado por Abril que por su propia vida, comenzó su relato. Juntó las palabras lo mejor que supo, pues captó de inmediato por qué el coloso tenía prisa. ¡Era el más listo de su camada!

-"Se produjo, en el país más desarrollado del mundo, un encuentro entre siete sabios" -comenzó a decir.

Un joven gorrión llamado Dudo estaba observando lo que pasaba. Se encontraba en la rama más alta de un espléndido naranjo. Como era un pajarillo muy lector, se sacó las gafas de debajo de las alas y, tras ajustárselas, aprovechó para leer las páginas de un viejo libro de filosofía mientras curioseaba. Conjeturó que aquellos tres extraños estaban allí por alguna razón. "Han coincidido chocando como las moscas contra los cristales de los coches, pero ahora los conecta el hilo mágico de un debate de consecuencias inescrutables".

-AGUA-

Nadie ignora que el cambio climático es uno de los grandes retos que vamos a tener que abordar antes de que sus consecuencias arrasen con nosotros. Las posturas negacionistas han ido abandonando el polo contrario de la cuestión y, en la actualidad, el tema de debate es si la humanidad es culpable de su causa o de la velocidad de su desarrollo. Este cuento me lo inspiró una conversación en la que mi interlocutora, la científica Patricia Martí, subrayaba la necesidad de tomar partido activamente por el cuidado del medio ambiente.

Se produjo, en el país más desarrollado del mundo, un encuentro entre siete sabios. Estos hombres, todos con aspecto ceñudo y rostro serio, con sus lápices y sus libretas, habían sido reunidos en secreto. No se podía revelar dónde se hallaban, pues ni ellos mismos lo sabían. Solo podían conocer que estaban en una sala de reuniones, sentados en torno a una mesa ovalada. Esperaban, expectantes, a que se encendiese una gran pantalla que estaba dispuesta frente a ellos. Acompañaba a los siete sabios un joven encargado de servir las viandas que, como no tenía estudios, permanecía callado. Se llamaba David.

Estaban los sabios muy intrigados. Se preguntaban con qué motivo habían sido citados allí. Pronto, al constatar que el tiempo pasaba sin que nadie les dijese nada, comenzaron a hablar entre ellos. David, maravillado al oír las cosas que decían, se sentía como un niño entre gigantes.

Entonces, de pronto, la gran pantalla se encendió. Los sabios, intrigados, guardaron silencio. Para su asombro, vieron cómo se dirigía a ellos la presidente de la nación.

-Han sido escogidos por ser las personas más sabias –comenzó a decir la presidente y David, que era muy observador, echó en falta que en aquella sala hubiera alguna mujer-. El planeta está en peligro, necesitamos una solución para combatir el cambio climático. ¡Ustedes son el último bastión de esperanza de la especie humana!

Los siete sabios, sintiéndose muy importantes, pusieron sus mentes a trabajar. Rápidamente llegaron a un acuerdo: para elaborar una teoría necesitaban localizar el origen del problema.

-Hace calor –comenzó a exponer el que parecía mayor-. Nos hemos quedado sin estaciones: la primavera y el otoño son cosas del pasado.

-¡Terrible! –secundó otro de los sabios-. Los campos se secan. ¡Las pérdidas de las compañías de cereales van a superar las de la gran crisis del siglo pasado!

Todos asintieron. Estaban espantados. Aquello supondría una drástica caída del PIB del país. Sería un movimiento en cadena, pues el dinero que generaba el comercio con cereales era lo que permitía invertir en desarrollar su poderosa industria armamentística, la primera del mundo. Y, de sector en sector, todo se vendría abajo: desde la venta de automóviles hasta el pujante mercado de los cosméticos. ¡Las multinacionales tendrían que afrontar grandes pérdidas de beneficios! Los siete sabios dedicaron la siguiente hora a calcular esas pérdidas económicas.

-¿Y los gases que producen "efecto invernadero"? –se atrevió a preguntar David-. La contaminación afecta al ciclo del agua y calienta el planeta, pero ustedes parecen más preocupados por la pérdida de beneficios de las empresas...

-Calla, tú no sabes de estas cosas... –dijo uno de los sabios sonriendo-. Ya nos ocupamos nosotros de esto.

Entonces, de improviso, la gran pantalla se volvió a encender. Era, de nuevo, la presidente de la nación quien se dirigía a ellos.

-¿Han encontrado la solución, señores?

Los sabios, que seguían barajando argumentos, se encogieron de hombros: era demasiado pronto para dar una respuesta.

En cuanto la presidente cortó la transmisión volvieron a ponerse a trabajar. Redoblando esfuerzos. Los lápices parecían volar sobre las libretas. ¡Plasmaban sus ideas con entusiasmo! ¡Iban a salvar el planeta!

-La reducción de agua dulce está afectando al turismo –manifestó el más alto de los sabios-. Las agencias de viajes están muy preocupadas por el colapso de turistas en verano. Demasiada gente para tan pocos recursos hídricos.

-Esto hace que su experiencia turística sea un desastre –intervino otro-. Pronto dejarán de venir. ¡Moriremos de éxito!

Los siete sabios se llevaron las manos a la cabeza. Todos al mismo tiempo. Hasta que David, que no se podía contener, se atrevió a decir:

-¡Las reservas de agua no son infinitas! ¿De verdad importa tanto el negocio turístico? Habría que buscar un modelo sostenible. ¡Esa es la cuestión! ¿Tan difícil es racionalizar el uso del agua?

-Joven, deberías mantenerte al margen de la discusión –le conminó uno de los sabios, que hasta entonces había guardado silencio-. Ya nos ocupamos nosotros de esto.

En esas discusiones estaban cuando, zanjando el asunto, la presidente de la nación volvió a dirigirse a los siete sabios.

-Señores, ¿han dado ya con la solución?

-Aún estamos valorando las consecuencias del cambio climático –

respondió el portavoz de los sabios-. Nos faltan datos para dar una respuesta precisa.

La presidente, que se empezaba a impacientar, torció el gesto y desconectó la videoconferencia. Los siete sabios eran conscientes de lo urgente de la situación, mas las prisas no contribuían a solucionar las cosas.

-El calentamiento global afectará negativamente a la economía de nuestras zonas costeras –manifestó uno de los sabios que, hasta entonces, no había hablado-. ¿Cómo lo afrontará nuestra flota pesquera? ¡Las grandes compañías perderán el control del precio del pescado!

David, que no daba crédito a la actitud de los sabios, sufría pensando en cómo entrar en esas cabezas obtusas que se suponía que debían salvar el planeta.

-¿Pero es que no ven que las temperaturas van a seguir subiendo si no se frenan las emisiones de CO2? ¡Cuando se derritan los polos van a desaparecer ciudades enteras bajo las aguas! ¿Y se ponen a hablar de economía cuando se nos acaba el tiempo?

-¡Pobre bobo! –le interrumpió, visiblemente enfadado, uno de los sabios-. ¿Quién te pide a ti tus tontas opiniones? ¡Ya nos ocupamos nosotros de esto!

Y en ese momento, en plena discusión entre los siete sabios y el joven sin estudios, la gran pantalla volvió a encenderse. La presidente de la nación estaba muy molesta. Había puesto su confianza en aquellos hombres y no ofrecían más que palabras huecas.

-¿Qué puedo hacer? –se lamentó desesperada-. ¡Díganme qué puedo hacer!

-Podría empezar por cambiar de asesores –se atrevió a decir David-. ¡No tienen ni idea de lo que está pasando!

-¿Ah, sí? –interrumpió el sabio de más edad-. ¿Y eso por qué?

El joven, que no estaba dispuesto a callarse, miró a los ojos al sabio y le dijo:

-¡Porque se han olvidado del agua! –expuso-. El ciclo del agua es el ciclo de la vida. ¡La humanidad lo ha alterado y estamos pagando las consecuencias!

Donde había temperaturas templadas ahora hay olas de calor; donde había tormentas, ahora tenemos huracanes. Y lo peor está por venir…

Los ancianos enmudecieron, se inclinaron ante las palabras aladas del chico sin estudios. Y la presidente de la nación, conmovida por las palabras de David, mandó a los siete sabios a sus casas y fue conocida, en adelante, por las medidas que instauró para proteger el medio ambiente.

Los polos están en peligro y, con ellos, todo el planeta. Primero se reducirán, derretidos, a su mínima expresión. Luego, como en un viejo congelador que produce escarcha, nos llevarán a una nueva glaciación. La búsqueda de beneficios económicos parece ajena al desastre ecológico pero, con las nuevas generaciones de jóvenes concienciados, queda viva la luz de la esperanza.

Dudo, el gorrión que leía filosofía, observaba circunspecto al gigante de piedra, al señor conejo y a la muchacha que se hallaban en el claro. El destino los había puesto allí, al pie del naranjo, improvisando un escenario, como si tuviese algo que decirle.

Esa misma mañana había acabado los estudios, era uno de tantos gorriones jóvenes preparados para hacer frente a la vida. Desde su atalaya, un poco asustado por la envolvente soledad, su mente tejía sueños resguardado en el anonimato.

A cinco metros del suelo se preguntaba si sería capaz de tomar un papel activo, de asumir su nuevo rol, pues las decisiones que ejecutase tendrían consecuencias. Era el momento de trasformar el aprendizaje en hechos consumados. Y en el naranjo, protegido por una copa amplia y densa, su corazón le decía que sí. ¿Cómo evitar ser alcanzado por la esperanza en un vergel de hojas verdes siempre vivas?

Depositó la mirada en un tomo de filosofía del que nunca se separaba; su manual, las tapas desgastadas por el uso, estaría siempre a su lado. Allí encontraría consuelo a sus penas en las biografías de los filósofos de Grecia; las páginas de sabiduría se abrirían a sus nuevas experiencias para que las bordase de anotaciones y palimpsestos.

Echó la vista nuevamente al claro, con ánimo resuelto. Aunque el gigante de piedra llevase a cabo un acto horroroso, se sentía obligado a mirar. Si quería aportar algo al mundo (porque enfrentarse al coloso no era una opción), el gorrión se mantendría como observador imparcial y compondría un escrito reflexionando sobre lo sucedido. ¡Por mucho que se encogiese su corazón de pajarito!

TALES DE MILETO

FILOSOFÍA PARA AVES, pág. 3.

TALES DE MILETO [624 a.C.-546 a.C.]

Todas las aves deben saber que a Tales, nacido en la ciudad griega de Mileto (ahora de Turquía), se le considera el primer filósofo. Esto es debido a que aspiraba a comprender, de manera racional, cuál era la causa de los fenómenos de la naturaleza. No le bastaban las explicaciones mitológicas que caracterizaban a la cultura griega arcaica: con él nacía un nuevo modo para comprender el mundo.

Tales, considerado en la antigüedad uno de los Siete Sabios de Grecia, cultivó diferentes disciplinas, siendo claves sus aportaciones a la filosofía, a las matemáticas, a la astronomía, a la física, a la geometría y a la codificación de leyes. ¡Cuánto talento!

Sus obras, en el caso de que hubiese escrito los textos que se le atribuyen, se han perdido. ¡Solo conocemos su pensamiento a través de otros filósofos! Nos ha llegado, por consiguiente, solo una muestra parcial e interpretada por diferentes narradores de su visión de las cosas. Por tanto, recomendamos a la aves que no depositen su confianza a ciegas en todo lo que lean sobre Tales de Mileto, incluyendo el presente texto.

En este sentido, Tales fue el primero en exponer la existencia de un ¨arjé¨ (un principio constitutivo común a todas las cosas), que en su caso fue el agua. Pero harán bien las avecillas en no quedarse con la anécdota, pues lo mismo fue el agua que podría haber sido cualquier otro elemento. Para entendernos, su famosa sentencia "el agua es el principio de todas las cosas" es una metáfora que da forma a la necesidad que tenían los griegos de comprender la física que rige el universo.

Es muy probable que, para llegar a esa conclusión, Tales partiese de observaciones simples. Observaciones de objetos que se van transformando con el tiempo, cambiando de aspecto formal, pero manteniendo ciertas cualidades. Así, el filósofo debió caer en que, si dichas propiedades eran inmutables, se debía a que había una sustancia original y constitutiva que se encontraba en todos los seres. ¡Y el agua cumplía con esta premisa! A Tales no se le escapaba que el agua es tan necesaria para los animales como para la germinación de los cultivos. Además, para él, la Tierra era un disco plano flotando en un océano infinito, lo que explicaba los terremotos cuando las aguas estaban inquietas. ¿No te parece que estas ideas se suceden de una forma muy bella? Cabe señalar que, en época de Tales, la línea que separaba la distinción de los seres vivos con respecto a los seres inertes era muy difusa. Por esto el filósofo argumentaba que el agua era dadora de vida, ya que le parecía que se movía sola (por la observación de las corrientes del mar y de los ríos), una característica fundamental del alma (dar movimiento a los seres, propiedad que le fascinaba también en los imanes, que por tanto consideraba divinos). Esto constituyó el paso del mito al en cursiva, la vía de pensamiento que abandonaba el misticismo para adentrarse en la racionalidad. Aunque, como puedes apreciar, las lagunas de conocimiento aún iban siendo rellenadas con imágenes más cercanas a la obra de los poetas que a la de la ciencia.

Por otro lado, la aportación de Tales con la idea del arjé tuvo consecuencias que condicionaron nuestro pensamiento. En primer lugar, que la multiplicidad de seres que percibimos es un engaño de nuestros sentidos, ya que se resumen en unos simples originales. Y, por otro lado, puso de relieve lo que constituyó el gran problema filosófico occidental: el cambio. Porque, ¿qué pasaba con esos mismos seres durante el intervalo en que dejaban de ser una cosa y su nuevo aspecto? ¿Desaparecían? ¿Surgían de la nada?

Por desgracia, apenas sabemos algunos detalles sueltos de la vida de Tales. ¡Y la mayoría son muy complicados de verificar! Ni siquiera sabemos a ciencia cierta si nació en Mileto (existe la teoría de que era fenicio) aunque, al menos, sabemos que residió allí.

Pero no ignoramos que sus padres, Euxamias y Cleobulinas, fueron fenicios a los que se atribuye ser descendientes de héroes griegos. Así, siendo proverbial la actividad comercial fenicia, es muy probable que visitasen con él Babilonia y Egipto, lo que da pie a que, siendo muy joven, llegase a Menfis. Allí, se supone que los sacerdotes le instruyeron en geometría y en astronomía. Los estudiosos se hacen eco de que calculó la altura de las pirámides mediante la longitud de sus sombras, un razonamiento matemático que los milesios usaron con propósitos náuticos.

Lo que sí es indudable es que, a su vuelta a Mileto, gozó de mucho prestigio. Fue consejero de los gobernantes, dirigió una escuela de náutica y se encargó de obras públicas (como la construcción de un canal que sirvió a los milesios para desviar las aguas del río Halis). Pero, más allá de eso, le debemos la introducción en Grecia del interés por el estudio de la geometría. ¡Elaboró maravillosos teoremas y razonamientos deductivos a raíz de estos!

En cuanto a su personalidad, las fuentes no coinciden y tenemos opiniones para todos los gustos. El filósofo Platón, por ejemplo, le caracterizó de sabio distraído, con la anécdota (a todas luces fantástica, pero nunca se sabe) de que iba Tales contemplando el firmamento una noche cuando cayó en un pozo, muriendo. Otros, como Aristóteles, le definen como hombre muy realista, de carácter eminentemente práctico. Es conocida su historia (también parece exagerada) en la que Tales es retratado como un especulador del precio de la aceituna, comprando molinos cuando, merced a sus conocimientos de astronomía, supo que habría buena cosecha. Lo que sí es indudable fue su reputación entre los griegos: cuenta Heródoto que, tras haber predicho Tales un eclipse solar, este se produjo mientras dos ejércitos se hallaban batallando, lo que hizo alcanzar un acuerdo a sus respectivos jefes militares ante el miedo a que fuese una advertencia funesta.

Sabemos que su vida se extinguió, como las aguas que vuelven al río en que nacieron, en Mileto, hacia el año 546 a.C. La versión más aceptada sobre este hecho tiene, por desgracia para la historiografía, el detalle de ser protagonizada por el elemento contrario al que definió su obra, lo que hace sospechar que se trata de una historia inventada, algo muy del gusto griego. Según este relato, asistió el veterano Tales a una carrera de cuadrigas tras haber comido, incurriendo en el error de sentarse en zona soleada, en plena canícula, sin llevar sombrero. Así, entre un sol de justicia y una digestión pesada, murió víctima de una insolación. Permitirán, las avecillas que leen esto, que se abran muchas dudas por la maravillosa coincidencia de que el fuego matase a quien puso al agua como fuente que da la vida.

CAPÍTULO II

-“Y LA PRESIDENTE de la nación, conmovida por las palabras de David, mandó a los siete sabios a sus casas y fue conocida, en adelante, por las medidas que instauró para proteger el medio ambiente” –concluyó su cuento el señor conejo.

El campeón de la chica se sonrió. ¡Bien contento que estaba! Había pasado una hora entera, un pequeño paso esperanzador para que la noche llegara a su rescate.

El señor conejo esperaba haber apaciguado la ira del gigante de piedra. Abril, demasiado joven para morir, apoyó su cadera contra el tronco del alto pino desde el cual eran observados por el gorrión. Por sus mejillas inocentes corrieron lágrimas traviesas que cantaron con delicadeza su estado de ánimo. Conscientes de la gravedad de aquel momento, las criaturas del bosque permanecieron inmóviles. ¡La suma de los latidos de aquellos corazones apenas se habría oído más que las pisadas de un corzo en la nieve! Sin embargo, más allá del silencio atronador que gobernaba el claro, en el corazón del coloso había tanto dolor que no habrían bastado todas las buenas palabras del mundo para poner fin a su agonía.

-¡Pero eso no me devolverá a mis hijos! –insistió.

-¡Nada te devolverá a tus hijos, poderoso gigante de piedra! ¡Pero hasta quien nos causa gran dolor tiene derecho a la existencia! ¡Ha de haber un equilibrio entre el daño y el alivio! ¡Por el bien de todos! –argumentó el señor conejo-. ¿O vas a ir matando a cada ser que te dañe? ¡Esto ha de parar! ¿Matarás las flores por robarte el aire que respiras? ¡Pon fin a este sinsentido!

-¡Qué bien hablas, conejo! ¡Qué certero te expresas, porque no te duele! -el coloso vomitaba rabia en cada palabra-. ¡Mis queridos hijos solo encontrarán la paz cuando ella muera! ¡No se hable más!

El gigante de piedra gritó con la fuerza de una tempestad. Golpeó fieramente su pecho con los puños. Arqueó la columna y su rostro, la mueca de dolor intensa, anunció el destino cruel que aguardaba a la jovencita.

-¡Lo siento mucho! –dijo, de pronto, la chica.

-¡Asesina!

-¡Lo siento muchísimo! ¡De verdad! –se excusó, entre un mar de lágrimas-. ¡Yo no sabía que iba a pasar esto!

-¡Asesina! ¡Asesina! ¡Asesina, te digo por cada uno de mis hijos que tú has matado!

Desde luego, era imposible que Abril supiese que la música melancólica tuviese efectos letales entre los retoños de gigante de piedra. Siendo justos, ¿quién podría haberlo sabido? El coloso iba a matarla ahí mismo. Pataleó con el ímpetu de un toro. Acercó su enorme cabeza al rostro de la joven. La miró a los ojos, frunciendo el ceño hasta que tomaron el aspecto de finas rendijas amarillas. Rechinó los dientes, produciendo un sonido que haría estremecerse al demonio. ¡Se oyó el siniestro "¡crack, crack!" de sus muelas al hacerlo! Febril de ira, miró de soslayo al señor conejo. Se instaló en su mente de mineral la idea de hacer papilla sus sesos.

-¡Por favor, no le hagas daño! ¡Mátame a mí, que soy la culpable! -intervino Abril.

Cerrando los ojos ante la mirada inquisitiva de su ejecutor, acabó de decir entre susurros:

-¡Hazlo ahora que no veo! ¡Así no sabré que la muerte viene a visitarme y dejaré la vida sin miedo!

El señor conejo, muy agradecido, pues era el más educado de los de su especie, tomó con ternura la mano de la muchacha:

-Saldremos de esta -dijo con voz calmada-. De algún modo.

Pero el gigante de piedra tenía otra opinión:

-¿Por qué te pones de su parte, conejo? ¿Por qué anhelas compartir su destino?

-¡No suplicaré, gigante! ¡Mis argumentos son tan buenos que, si lo hiciese, los ensuciaría!

-¿Hasta el punto de apostar tu vida? ¡Porque yo no perdono!

-Es lo que debo hacer, gigante, aunque me mates. ¡Tengo mucho miedo! Pero, si no me atreviese a ser sincero… ¡no habría nacido conejo!

El señor conejo habló con el corazón, en su mente se vio corriendo libremente por el campo. Había peligros que acechaban tras los setos, los lobos eran una amenaza que debía tenerse en cuenta pero, ¿qué sentido tiene la existencia si el miedo nos impide ser quienes somos? ¿Merece la pena vivir amordazado? ¿Solo por experimentar falsa seguridad? Los conejos parlanchines, más que otras criaturas, saben que la libertad tiene un precio que merece la pena pagar.

-La defiendo, ¡oh, poderoso gigante!... Porque quiero.

El semblante del coloso rezumaba enojo.

-Nací en libertad y, ahora, no voy a cambiar. ¡Es demasiado tarde! ¡Hago lo que corresponde a mi naturaleza! ¡Mi opinión me importa más que la del mundo entero!

-Al que dijo eso lo mataron. ¡Y era más listo que tú, conejo!

-¿Qué importa? ¡Soy libre!

Pero el gigante de piedra tenía sus propios argumentos:

-¡Pues yo soy más libre que tú! -la paciencia del coloso había llegado a su límite-. ¿Sabes por qué?

El señor conejo se quedó unos momentos meditando, no esperaba la pregunta.

-¡Porque soy más fuerte y hago lo que quiero con quien quiero!

Esas palabras sacaron a Abril de su ensimismamiento. Era tan ingenua que se puso a jugar con sus rizos. Entonces, el señor conejo se atrevió a contradecir al coloso:

-Ese ser que todo lo aplasta, furioso y tremendo... ¿Realmente eres tú, gigante? Porque yo veo a un padre protector que se arrodilla para abrazar a sus hijos muertos.

El comentario del señor conejo se abrió paso como el sol entre la oscuridad en una mañana de primavera. El gigante de piedra se miró las manos. Esas manazas capaces de reducir a pulpa la madera de los árboles; las mismas extremidades que acariciaron a sus retoños en los buenos tiempos.

-Naciste gigante furioso pero, ¿acaso no es amor lo que veo en tu mirada cuando vas a matar por ellos? Tu fuerza, ¿de qué te sirve si ya han muerto? Solo el amor puede resolver esta situación.

-¡Cállate! -gritó el gigante de piedra.

-Voy a contarte una historia, para mostrarte que hasta un muchacho puede afrontar la pérdida de un ser querido mientras que, ¡oh, terrible gigante!, tu impotencia te hace temblar asustado.

El gigante de piedra no encontró palabras para impedirlo. ¡Un simple conejo se atrevía a hablarle de esa manera! ¡A él, cuya autoridad sobre las demás criaturas nadie le discutía! ¡Un conejo!

-Ya puede ser buena, esa historia -dijo, de forma condescendiente, el coloso vengador-. ¡Porque si no me gusta morirás antes que ella!

Abril, dándose por aludida, tuvo tiempo de pensar que las amenazas son, en verdad, más lentas que los acontecimientos. Al fin y al cabo, aún seguía con vida.

A su vez, el señor conejo se frotó las patas con gran alborozo. Le estaba ganando otra hora a la muerte de la jovencita y, aunque aún faltaba mucho para el anochecer, la oscuridad que se acercaba era un refulgente símbolo de esperanza.

-"Carlos era alto, moreno, de ojos como la miel y muy despierto" -comenzó a recitar haciendo más pausas de lo habitual.

El gigante, desconfiando, no le quitó el ojo de encima.

Dudo, el gorrión que leía filosofía, observaba lo que sucedía con atención. Desde lo alto de un pino estaba a salvo de la cólera del gigante de piedra, pero su pensamiento era prisionero de las palabras del señor conejo. "Cuando leo, ¿soy libre o me limito a derramar las lágrimas que han llorado mil gorriones antes que yo?", se preguntó. Buscó la respuesta en el libro de filosofía que estaba leyendo. "Alguien, sin duda, habrá pensado en esto antes", razonó el pajarito.

-EL CUADERNO DE DIBUJOS-

De niño soñaba con ser escritor. Seguramente se debía a que, por ser hijo único, mis juegos eran mi imaginación y los pequeños universos que en ella se fraguaban. Después, con el instituto, se desvanecieron. Pero algo debió quedar a salvo de la siega intelectual que fueron aquellos años, pues nunca perdí el amor por la lectura.

Estamos hechos de los sueños de nuestra infancia y, en el origen, hay una sustancia cuyas características estarán ahí hasta que muramos. A nosotros corresponde recuperarla cuando, como el agua de un torrente, se aleja.

Carlos era alto, moreno, de ojos como la miel y muy despierto. Había estudiado la carrera de medicina en la universidad, pero formaba parte de la generación de jóvenes sobradamente preparados que nunca llegaría a ejercer su profesión. Sus fantasmas personales no le habían permitido ser un buen estudiante; Carlos, como tantos otros, vio cómo sus sueños de futuro se rompían antes de empezar.

Sin embargo, era un luchador. El joven nunca se daba por vencido y, como su padre tenía un pequeño negocio, se puso a trabajar. Se trataba de una librería de viejo en el barrio del Raval, en Barcelona. Un negocio modesto, sin duda, pero suficiente para que ambos pudiesen afrontar los gastos del día a día. ¡La madre de Carlos, de haber sobrevivido a la enfermedad que se la llevó, habría estado muy orgullosa de él!

Pero el joven la echaba de menos, no lo podía evitar. Si cerraba los ojos podía sentir la emoción que experimentaba cuando lo cubría con su sedoso cabello rizado, como una cascada liberadora que le transportaba a un lugar seguro cuando se sentía amenazado. Y es que Carlos encontraba a faltar aquellas tardes de otoño, las ceras de colores a manos llenas, pintando juntos hojas secas. Lo mismo en invierno, cuando se ponían a dibujar al carboncillo antes de cenar. Igualmente en primavera, saliendo a Las Ramblas para pintar al óleo los puestos de rosas el día de Sant Jordi. O en verano, pues el mar Mediterráneo se vestía de reflejos nacarados para que su madre y él lo capturasen en inocentes acuarelas. Todos los días, no importaba la estación del año, le acometía el irrefrenable impulso de llorar y, aunque se hacía el fuerte para evitar que su padre se derrumbase, no aceptaba su pérdida. Aun así, cada mañana se arreglaba, ordenaba las cajas de libros y preparaba la mejor sonrisa para afrontar una jornada más.

Aquella tarde, mientras atendía el teléfono, se fijó en una niña que le observaba con atención. La chiquilla, a simple vista no tendría más de seis años, lucía grandes rizos y llevaba consigo un cuaderno de anillas que apretaba con fuerza contra su pecho. Carlos, agradecido, le devolvió la mirada, pues allí nunca pasaba nada.

Las jornadas transcurrían lentamente en la librería y la niña, que fue dejándose ver en los días siguientes, le inspiraba mucha ternura. Cada mañana la esperaba y, aunque no hablaron, intercambiaron el tipo de miradas con el que se obsequian viejas amistades si hay confianza.

Fueron pasando los días. Cuando las manecillas del reloj marcaban las doce del mediodía, como si fuera una rutina, la chiquilla entraba en la librería, sonreía a Carlos y, sin prisas, se marchaba. Así, durante una semana. Hasta que llegó un día en que, intrigado, Carlos rompió el silencio:

-¿Has almorzado?

El joven librero sacó un paquete de galletas María que tenía bajo el mostrador. La niña, para su sorpresa, negó con la cabeza.

-¿Quieres llevártelas para luego? -insistió.

La chiquilla, muy seria, bajó la cabeza y se mantuvo en silencio. Entonces, Carlos le pidió que le enseñara el cuaderno.

-Son mis dibujos –se excusó, alzando la mirada, la pequeña-. No los puedo enseñar.

-¿Por qué? –insistió el librero.

-Porque son mi corazón y, si me lo rompen, me moriré.

"Si existiese un país en el que nacer para nunca morir...", hubiese querido continuar Carlos. Lo iba a decir pensando en su madre, mezcladas nostalgia y esperanzas, pero la niña desapareció.

Carlos anduvo varios días pensando en la contestación de la chiquilla. Generalmente era él quien tenía salidas originales para las cosas que le decían los clientes, mas la pequeña y sus enigmáticas palabras habían calado hondo en el joven. Siguió trabajando con una media sonrisa, pero no podía evitar echar miradas furtivas por si la volvía a ver pasar.

Al cabo de un tiempo regresó. La niña seguía llevando el cuaderno. Carlos revisaba la contabilidad de la librería, aunque estuvo pendiente de si se presentaba allí la chiquilla, por lo que salió a su encuentro sin dilación.

-¿Quieres que te haga un dibujo?

-¡Claro! –contestó la pequeña-. Pero no va a ser posible.

-¿Por qué? -quiso saber, muy intrigado.

-Porque entonces los míos me parecerán feos y perderé las ganas de dibujar.

Carlos estaba sorprendido. De igual manera, él mismo tenía sentimientos encontrados con respecto a la librería. De niño, en vacaciones, le gustaba ayudar a sus padres cargando cajas de libros polvorientos, ¡le encantaba el tacto del papel amarillento! Sin embargo, trabajando allí porque no había más remedio, sentía sus emociones muy lejos de aquel lugar. Tal vez, de no haber perdido a su madre, la librería habría seguido siendo un refugio para sus emociones.

La niña se fue antes de que el librero pudiese reaccionar. El vuelo de la falda de la chiquilla se confundió con el brillo del sol de mediodía, hasta no ser más que un recuerdo.

Las siguientes horas fueron difíciles para Carlos. La pequeña parecía saber cosas suyas que él mismo ignoraba, esa mirada escrutadora recorría rincones de su alma nunca antes explorados. Nadie podía saber del peso que aguantaba sobre los hombros, pues lo escondía como si fuese un secreto inconfesable. Cuando lloraba por sus sueños, como si se tratase de un amor perdido, se consolaba intentando sobrellevar el fracaso personal.

Pasaron varios días y la niña no apareció más. Varias semanas, y seguía sin dejarse ver. El joven se hizo a la idea de que ya nunca volvería por allí, lo mismo que su madre jamás lo haría. Pero, moviéndose con gracia entre las pilas de libros, un día apareció. Lo hizo con su cuaderno de anillas apretado contra el pecho, como la primera vez.

-¿En qué piensas? –le preguntó la chiquilla al ver que no decía nada.

Sería porque necesitaba una sonrisa amiga o porque los sinsabores de la soledad le pesaban en los hombros, pero en esos instantes Carlos sintió que su cuerpo, por fin, era ligero.

-Esos dibujos te pertenecen solo a ti, pequeña –dijo con ternura-. Son el principio y el final de la persona que serás en la vida.

La niña, por primera vez desde que se conocieron, sonrió. Se acercó a él, extendió el brazo y le entregó el cuaderno:

-Entonces, ahora estará en buenas manos.

Carlos, llevado por la curiosidad, lo abrió. Descubrió que las hojas anilladas mostraban hermosas acuarelas, imágenes mediterráneas que le resultaban familiares.

Entonces, la niña le acarició con ternura la mejilla. Carlos se quedó mudo al sentir el frío de su palma. Estaba helada. Al fin, lo entendió. Ahora sabía la verdad. Se le humedecieron los ojos. Tragó saliva. Solo pudo balbucear:

-¿Ma... mamá?

La niña, sonriendo de nuevo, cerró los ojos. Se desvaneció. De su presencia, solo quedó un agradable efluvio a sándalo. Nunca más volvió a aparecer por la librería.

Carlos, reunidos entonces los pedazos de su corazón roto, retomó los estudios. Acabó la carrera. Salvó muchas vidas en el ejercicio de la medicina. Y siempre, hasta el fin de sus días, sintió a su lado la presencia reconfortante de su madre.

Nunca es tarde para encontrar la llama que nos da la vida, la que hace de cada uno de nosotros una persona única y, al mismo tiempo, en armonía con el universo. Esta partícula elemental que prevalece pese a los cambios que experimentemos es de gran pureza y, aunque nos hallemos perdidos, seguirá presente en nosotros, a la espera de que un catalizador la haga visible a nuestros ojos. Podemos equivocar el camino y, aun así, la verdad resplandecerá en el horizonte como la estrella Polar.

Dudo, el joven gorrión que leía filosofía, estaba entusiasmado: ¡le gustaban mucho las buenas historias! Además, el señor conejo la había ambientado en Barcelona, ciudad de la que había oído hablar a sus abuelos cuando creían que nadie les oía. ¡Decían que era fascinante! ¡Y que tenía un bonito parque al que peregrinaban los gorriones barceloneses para homenajear a una dama que sostenía un paraguas! Presentía que, de un modo u otro, solo le llegaría la plenitud cuando se presentase ante ella.

Tuvo mucho cuidado en mantener su libro de filosofía a salvo de la resina del pino. ¡Una pequeña molestia a cambio de disfrutar de ricos piñones! Le gustaba picotear las piñas maduras y estar apostado en una rama frondosa, a cubierto del sol mañanero. El gorrión encontraba la felicidad en las cosas sencillas: sombra y temperatura agradable, ni frío ni calor.

Finalmente, se preguntó si podría volar algún día hasta Barcelona y, allí, dejarse seducir por el carácter alegre y bullicioso de las gentes del Mediterráneo. Le estuvo dando vueltas a la cabecita con esa idea y, sin darse cuenta, pasó las páginas del libro hasta, casualmente, detenerse en la que presentaba al filósofo Anaximandro. Su intuición le insinuaba que el pensador tenía algo que ver con el cuento que acababa de escuchar. Se ajustó de nuevo las gafas y leyó con atención.

ANAXIMANDRO DE MILETO

FILOSOFÍA PARA AVES, pág. 12.

ANAXIMANDRO DE MILETO [610 a.C.-547 a.C.]

Has de saber que el filósofo Anaximandro, nacido hacia el 610 a.C. y fallecido sobre el 547 a.C., fue un pensador y político muy relevante en su tiempo, un estudioso cuyas aportaciones siguen vigentes pese a los pocos fragmentos que nos han llegado de su obra escrita.

Natural de Mileto fue, además de filósofo, geógrafo. Es en la conjunción de ambas ramas del conocimiento que encontramos el sentido de su obra, pues debemos entenderla tal como él vivió su vida: a caballo entre las dos disciplinas. Parecen ser suyos un mapa terrestre, la medición de los solsticios y de los equinoccios por medio de un rudimentario instrumento, estudios sobre el tamaño de las estrellas y nuestra distancia con respecto a ellas, así como sentencias afirmando que nuestro planeta es cilíndrico y que ocupa el centro del cosmos. Esto, hoy puede parecer extraño, pero debes entender que en su época era complicadísimo hacerse una idea sobre cómo era nuestro planeta y el lugar que ocupaba en el cosmos.

En tiempos de Anaximandro los griegos estaban sentando los pilares de nuestra actual concepción del mundo, pues trataban de apartarse del pensamiento primitivo para dar sentido a un mundo cambiante del que carecían de medios para su observación. ¡Fueron pioneros en el estudio de tantas cosas...! Estos primeros filósofos pusieron las bases de nuestras actuales ciencias, con frecuencia exponiéndose a la ira y el desprecio de sus conciudadanos, quienes preferían creer que los sucesos naturales se daban por el mero capricho de los dioses.

En este contexto, el espíritu inquieto de Anaximandro tuvo la fortuna de ponerse en contacto con el afamado Tales, también de Mileto, quien fue reconocido como el más eminente filósofo de su tiempo. Esto le permitió continuar la obra de su maestro y, al mismo tiempo, elaborar su propia filosofía. ¿Te imaginas qué buen maestro tuvo? Además, siguiendo la costumbre de las escuelas de pensamiento griegas, compartió sus enseñanzas con el también portentoso pensador Anaxímenes, creando escuela.

Nuestra gran fuente de frustración con respecto a las obras de estos filósofos de la naturaleza es que se ha perdido la mayor parte de sus trabajos. En bastantes casos, la totalidad. ¡Qué pena! A Anaximandro se le atribuye solo la redacción de un libro, el cual se conoce como "Sobre la Naturaleza", pero las partes de él que nos han llegado son solo las referencias de otros autores más o menos contemporáneos a él. Y, con respecto al texto, sus comentaristas han puesto el foco en los resultados, por lo que solo podemos conjeturar la parte más interesante de la cuestión: ¿cómo llegó a reflexionar sobre el mundo?

Anaximandro, como sus predecesores y como los posteriores pensadores que estudiaron la naturaleza de las cosas, sentía la necesidad de explicar cuál era el motor de todos los sucesos de nuestro entorno: el cambio. Puede parecer un asunto poco importante si lo comparamos con los actuales objetos de estudio, más cercanos a la física puntera que a los textos abundantes en poesía de los antiguos griegos, pero es la fuente de la que manan todas las dudas y certezas. "¿Existe, realmente, el cambio? ¿Hay un momento, por pequeño que sea, en el que las cosas dejan de ser lo que son para, después, aparecer bajo otra forma? Y, si es así, ¿dónde han estado en ese corto instante?". ¡Fascinante! ¡Fascinante!

Sabemos de él que trató de encontrar el elemento primordial y básico a partir del que se han generado todas las cosas. Lo llamó "ápeiron", siendo sus cualidades el ser ilimitado e indefinido. A tal fin, elaboró el primer discurso filosófico que se conserva escrito en Occidente, ¡sí, el primero!, la llamada "sentencia de Anaximandro":

"De donde los presentes tienen origen,
hacia allí tiene lugar su corrupción por necesidad"

La importancia de esto es que no se trata de una contingencia que pueda ser decidida en debate. No es opinable. Los entes que tienen un principio y han de volver a él adquieren delimitación con respecto al ápeiron (recuerda: el ápeiron es ilimitado e indefinido), se han corrompido por necesidad. Para ser claros: lo que nace se corrompe y acaba muriendo. Y esto, en primera instancia propio de los cuerpos físicos, tiene su continuidad al expresarse en términos de ética, moral y leyes. ¿Ves cómo, de una sola idea, el filósofo fue capaz de construir un pequeño universo?

En su teoría de la creación de las cosas que conforman la realidad, Anaximandro postula que hay un movimiento cósmico en el que el exceso de un elemento da origen a una injusticia. ¡Y esta ha de ser reparada! Lo justo, el Bien, se halla en el equilibrio de los elementos, en la unión de todas las partes imperfectas. ¿Serás capaz de conducirte en la vida en un perfecto equilibrio? ¿Podrán hacerlo todas las aves?

-ÉPOCA: S. VII-VI A.C.
-LUGAR DE NACIMIENTO: MILETO.
-OBRA DESTACADA (PERDIDA): SOBRE LA NATURALEZA.
-IDEA PRINCIPAL: EL PRINCIPIO DE TODAS LAS COSAS ES UNA SUSTANCIA ILIMITADA E INDEFINIDA.
ANAXIMANDRO DE MILETO

CAPÍTULO III

-"Y SIEMPRE, hasta el fin de sus días, sintió a su lado la presencia reconfortante de su madre" -el señor conejo trató de anclar al gigante de piedra a un recuerdo familiar agradable, pues su intención era que este recuperase la calma y dejase en paz a la adolescente.

-Yo quisiera sentir la presencia reconfortante de mis hijos... ¡Pero esta asesina los ha matado a sangre fría!

El coloso levantó un dedo amenazador contra Abril. La joven, apretando su violín contra el pecho, se defendió:

-¿Cómo iba a saberlo? ¡Solo tocaba una melodía!

Viendo que el gigante de piedra no atendería a razones, el señor conejo decidió ponerse de su parte con idea de cambiar las cosas desde dentro:

-Habrá que medir la gravedad de su crimen y, entonces, haremos justicia. Yo seré el juez -se ofreció.

-¿Cómo que "habrá que medir"? ¡Ha asesinado a mis retoños! ¡Aquí no hay nada que medir! ¡La voy a ejecutar!

La ira del coloso se había desatado. Abría y cerraba las manos compulsivamente, haciendo estas el ruido de tenazas cortando cadenas de hierro. Con el lomo encorvado y expresión desquiciada, recordaba por momentos a una avispa furiosa y, al instante, volvía a ser montaña que se desmoronaba sobre sí misma.

-¡Pero primero hay que tomar medidas! -se anticipó a sus movimientos el señor conejo-. No vaya a ser que alguien nos esté observando y se lleve la falsa sensación de que la vas a matar por capricho.

El gigante de piedra, refunfuñando, aceptó la observación. Le pareció que, si corría la voz de que había matado a la joven sin un juicio previo, eso sería manchar la honra de sus hijos muertos.

-Vamos a ver... -comenzó a decir el señor conejo mientras se sacaba una escuadra y un cartabón de los bolsillos interiores del chaleco-. ¿Cuánto mides tú y cuánto mide la chica?

El vengador furioso no daba crédito a lo que veía; Abril, colaborativa, no puso la menor objeción a que le tomasen medidas.

-Para que un juicio sea justo, la parte denunciante no deberá medir más de dos metros que la parte denunciada -dijo de carrerilla el señor conejo, como si recitase un código de leyes.

-¡Basta de majaderías! -se quejó el gigante de piedra-. ¡Quiero justicia!

-No es ninguna majadería. Y el fiscal haría bien en moderar su lengua si no quiere que le multe por desacato al juez -repuso el señor conejo, pese a que al coloso le quedaba muy poca paciencia-. De alguna manera habrá que medir la capacidad de defenderse de la acusada, no sea que de la impresión de que abusas de tu fuerza, ¡oh, poderoso gigante! Porque una acusada indefensa aceptaría cualquier cargo contra ella y eso, obviamente, sería injusto.

El gigante de piedra asintió con desgana. El argumento del improvisado juez tenía sentido, pero lo encontraba guiado por una lógica perversa. Como vio que al coloso se le fue torciendo el entrecejo, el señor conejo dio un paso más en su estrategia:

-Procedamos ahora a comparar el peso entre la parte denunciante y la parte denunciada. ¡Cuanto más peso, mejor!

-¡Eso está bien! -aclaró el gigante de piedra-. ¡Sus débiles excusas se inclinarán bajo el peso de mi sólida argumentación!

-¡Ah, la fiscalía, es tan sentimental...! -se complació el señor conejo-. ¡Qué lejos está de entender la naturaleza de los números!

Ante la cara de estupor del coloso, el señor conejo se explicó:

-Lo que vamos a pesar son vuestros corazones. Por un lado tenemos a la chica: su corazón rebosa música. Eso serán... Van a ser... Digo yo que pesa... Un corazón que rebosa amor por la música, que deleita a todo el mundo... Serán... ¡Doscientos mil millones de toneladas! Kilo arriba o kilo abajo, qué más da.

El cálculo del señor conejo se basaba en que, si la alegría que esparce la música puede llenar los corazones de quienes tienen la fortuna de escucharla, su peso ha de ser necesariamente igual o mayor que el de la suma de todos los corazones de todos los seres vivos del mundo.

-Por otro lado, tenemos tu corazón, ¡oh, gigante! -siguió diciendo-. Un corazón que, en estos momentos, ha perdido la capacidad de perdonar. Un corazón cuya piedra ha adelgazado, por decirlo de alguna manera. Y pesa... Pesa... Yo diría que... ¡Veinte gramos!

Al señor conejo, muy razonablemente, le parecía que el corazón del coloso estaba vacío. Y, por tanto, no podía pesar lo mismo que un corazón lleno. Especialmente, si el corazón lleno estaba repleto de música.

-¿Pero qué pantomima es esta? -el gigante de piedra estaba indignado-. ¡Esto ni es un juicio ni es nada! ¡Estás utilizando los números a tu antojo para perjudicarme!

-¡A ver si voy a tener que llamar al alguacil para que el fiscal cuide su lenguaje!

El señor conejo estaba tan metido en su papel que, por un momento, se imaginó a sí mismo presidiendo la Corte Suprema.

-¡Esto se ha acabado! ¡La mato!

-La jovencita no tiene la culpa de que tengas una relación complicada con las matemáticas, ¡oh, poderoso gigante!

-¿Yo? ¡Pero si es ella la que ha matado a mis hijos! -se quejó el gigante.

Y, cuando la suerte de la chica parecía estar echada, el señor conejo se sacó un nuevo as de la manga:

-Pues, si has de matarla, así sea. Pero antes, como medida de gracia, permite que te cuente una historia. Así la honra de tus hijos seguirá intacta y mi honor de juez no se verá perjudicado.

El gigante de piedra no fue insensible a esas palabras, permitiendo que el señor conejo relatara una nueva historia.

-"Levon se hallaba frente a su destino" -comenzó a decir, la voz temblándole ligeramente.

Abril, arrodillada entre las flores, parecía ausente. Dudo, el gorrión que leía filosofía, no perdió detalle de lo que pasaba desde un abedul en el que se encontraba. "Tienen los mismos números, pero cuentan de distinta forma; para ambos suena la música, mas la escuchan de distinta manera", se dijo.

-EL DIVINO CÁLCULO-

Durante mucho tiempo me he preguntado por qué me costaba tanto encajar en ciertos ambientes, especialmente en la escuela. Cosas que me parecían obvias alcanzaban niveles de ardua exposición que me dejaban exhausto y, por el contrario, los profesores parecían pasar de puntillas por lo que despertaba mi curiosidad.

La tradicional separación entre ciencias y letras me abruma. Es algo que nunca llevé bien y, cuando me obligaron a elegir, me sentí mutilado. Decían que todo el mundo sabe que son cosas distintas, que pretender juntarlas era una pérdida de tiempo y una estupidez.

Quiso el destino que, cuando mi etapa universitaria agonizaba, tomase contacto con las conferencias de Erwin Schrödinger y los escritos de Niels Bohr. Mi expediente académico ya era tierra quemada, pero se avivó mi interés por hacer cosas interdisciplinares y experimentar.

Luego, llegó Fernando Arrabal. La pasión del genio por las ciencias me produjo gran impresión y sus conocimientos, titánicos, me dieron más que todos los años perdidos en la universidad.

Levon se hallaba frente a su destino. Cada paso que había dado en la vida le había conducido, indefectiblemente, hacia ese momento. Allí, en un escenario no muy grande pero tampoco angosto, su mirada se posaba en un delicado tablero de ajedrez. Frente a él, como una esfinge, el campeón del mundo. Y a su alrededor, cámaras en mano, una nube de periodistas.

Los aficionados que seguían el encuentro, unos doscientos en las cómodas butacas del teatro y millones de internautas, llevaban dos semanas asistiendo a un duelo vibrante. El toma y daca ajedrecístico entre el campeón y el aspirante llegaba a su momento culminante y, tras esa partida de desempate a ritmo rápido, se rompería la igualdad, escribiéndose una nueva página en el libro de oro de la historia del juego-ciencia.

"He aquí que estamos los dos y solo puede quedar uno. Mas no estoy solo. Me acompañan mis antepasados, apoyándome, los buenos amigos que he ido haciendo en el camino, los aficionados que me dan ánimos cuando las cosas no salen bien", pensó Levon al estrechar la mano del campeón. Y, al escrutar el rostro de su rival, percibió en él, como ya era habitual en su encuentro, una energía distinta a la suya. El campeón del mundo, por supuesto, gozaba de una sólida fe en sus posibilidades, pero esta se armonizaba de manera distinta a la del aspirante. Era, para entendernos, un escrupuloso diseccionador de las posiciones en el tablero, un ejecutor implacable del cálculo de variantes; Levon, quien era más joven y que también sabía calcular, a menudo se dejaba llevar por la inspiración más que por el razonamiento concreto.

"¡Levon! ¿Por qué has movido el alfil en lugar de enrocarte? ¡Todo el mundo lo ha visto, menos tú!", le asaltó la mente la regañina de su maestro cuando, de niño, perdió la primera partida que de verdad le hizo daño. Le dolió porque, siendo el sustento de su familia, su ajedrez le había abandonado.

Mientras repasaba mentalmente cuáles iban a ser sus primeros movimientos y echaba un vistazo al reloj, daba vueltas en su mente a ese recuerdo. Siempre estaba ahí, recordándole que no dejaba de ser un juguete de los dioses y que, aunque la vida le sonreía, nadie estaba libre de dar un tropiezo. Esta idea recurrente, que a otros jugadores les atenazaba, para él era liberadora. Constataba que su forma de concebir el universo era distinta a la de los demás. Y así estaba bien porque, de haber adoptado las rutinas de pensamiento ajenas, nunca habría experimentado el placer que sentía al mover las piezas.

La partida dio comienzo en medio de un silencio sepulcral. El público era experto, no hacía falta que nadie hiciese aspavientos ante comentarios en voz alta o fuera de tono. Estaba en disputa una bolsa importante de dinero pero, por encima de todo, el título de campeón mundial de ajedrez. El dinero, que casi todo lo mediatiza, allí era poco más que utilería. Cualquiera de los presentes, incluidos los jugadores, renunciaría a él gustoso por lucir la presea de primero entre los iguales en el juego de reyes.

Las primeras jugadas fueron ejecutadas con ligereza, mas no a la ligera, pues eran el resultado de muchas e intensas horas de preparación entre los dos ajedrecistas y sus correspondientes analistas, quienes contaban a su alcance con los mejores medios informáticos. Pero Levon, para sorpresa del mundo, se apartó pronto de los caminos más trillados: condujo el juego a una aguda variante que conllevaba terribles complicaciones de cálculo para ambos bandos.

El campeón se movió en su asiento en un movimiento arrítmico que, sin molestarse en disimular, denotaba su incomodidad; el aspirante, que no podía ver más allá en el cálculo, sonreía y ese gesto, que nadie era capaz de interpretar, contrastaba con la gravedad de lo que se estaban jugando. Parecía, desde fuera, que Levon se complaciese haciendo equilibrios por un desfiladero.

Los minutos pasaban y el campeón, incapaz de tomar una decisión, optó por efectuar una tranquila jugada de espera. Era un movimiento conservador, una invitación a que su rival, con el ímpetu de la juventud, tomase la iniciativa y se estrellase contra su defensa. Confiaba en que, si Levon perdía la objetividad, cometiese un desliz y le brindase un final de partida en el que imponerse con facilidad.

Levon, entonces, tuvo la corazonada de que su vida entera pendía de un hilo. Sus esfuerzos desde niño, la presión de conseguir buenos resultados para ayudar a su familia, la ilusión de los aficionados que creían en él... cristalizaban en aquel momento. No había lugar en el que refugiarse y, si se equivocaba calculando, lo echaría todo a perder. Mas, si daba con la tecla exacta, entraría en el Olimpo como un héroe, haría realidad sus sueños.

Vio en el tablero, la respiración entrecortada, que sus piezas se movían. ¡Estaban vivas! Musitaban algo, cantaban. Danzaban de casilla en casilla con la delicadeza de arañas tejiendo su tela, tomando notas de los pasos que mediaban entre ellas al curiosear por los dominios del rey rival. Le comunicaban, en secreto, pesos y medidas. Cuchicheaban, se miraban por el rabillo del ojo y reían, correteaban lanzando pétalos de flores… ¡Eran tan felices! Levon, complacido, fue consciente de que había llegado el momento de sacar a relucir su talento: se enfrentaba a dos posibilidades que parecían buenas, aunque un pálpito le indicaba que, de manera efectiva, una llevaba a la victoria y la otra, a la derrota. La cuestión era, al sonido de flautas y timbales, encontrar la buena.

La primera de sus opciones era responder a la jugada de espera del campeón del mundo con otra jugada de espera. Era una manera espejada de mostrar resiliencia, de embarrarse en una lucha de voluntades que, inexorablemente, les conduciría a una fase de lentas maniobras estratégicas. Esto, con poco tiempo en el reloj, daría lugar a un final de partida en el que se impondría quien tuviese más sangre fría. Era el final de encuentro soñado por el campeón mundial, pues encajaba perfectamente con su estilo.

Sin embargo, el aspirante también valoraba una variante dinámica que, haciendo una sutil jugada intermedia, le daba ventaja. Calculó durante dos minutos y, tras repetir sus cálculos una vez más, cerró los ojos para saborear su triunfo. La variante, una compleja sucesión geométrica, le garantizaba entrar en el final con un peón de ventaja. Eso, al nivel que ellos practicaban, era un mundo. A su vez el campeón, hundiendo el rostro en las manos al ver que la suerte estaba echada, tensionó su propia capacidad de cálculo en busca de una solución que le brindase unas salvadoras tablas.

El tiempo en los relojes se evaporaba. Los dos ajedrecistas calculaban, cada uno a su manera, de forma apurada. Y entonces, en una decisión sorprendente, Levon desechó la idea ganadora. ¡Hizo otra jugada! ¡Sacrificó un caballo para entrar en un cálculo imposible!

El campeón del mundo, por primera vez en la partida, relajó el gesto; el aspirante, taconeando, se asomó al precipicio. Ambos jugaron los últimos movimientos a toda velocidad, el tiempo apremiaba y Levon, al fin, tras cruzar océanos de complejidades tácticas, logró su sueño: era, con merecimiento, el nuevo campeón mundial de ajedrez.

Luego, durante la conferencia de prensa, los periodistas acreditados en la sala le hicieron mil preguntas, como suele suceder en estos casos. Mas todas, resumidas, se podían glosar en una: ¿por qué sacrificaste el caballo cuando pudiste tomar un camino despejado hacia la victoria?

Levon se explicó pacientemente, pero su respuesta no satisfizo la curiosidad de los reporteros:

-Vi la jugada intermedia que ganaba, claro. Pero sentí una enorme curiosidad por el sacrificio de caballo. Era inspirador...

Los periodistas se negaban a aceptar la idea:

-¡Nadie se jugaría el título mundial haciendo esa tontería!

Levon sonrió, cual era su costumbre. No trató de convencer al reportero, pues este no se hallaba en condiciones de dejarse dar lecciones, pero intentó hacerle ver que había sido fiel a su naturaleza:

-Cuando vi la entrega de caballo oí la música -comenzó a decir-. No es algo que se pueda compartir, pues cada persona tiene su propia sensibilidad, pero la armonización de esa jugada sonaba tan bien...

-Pero, ¿no tuviste miedo de perder?

-En absoluto -terminó de decir Levon-. Lo tenía todo calculado en mi mente y en mi corazón. En la geometría del tablero los movimientos tienen longitudes de onda que, al sonar, nos guían. No hacía falta nada más, solo había que ponerse la venda en los ojos y dejarse llevar por la música.

Este cuento está inspirado en una conversación que tuve con el querido ajedrecista Levon Aronian. Durante la charla, que tuvo lugar en Mallorca, coincidimos en que ambos experimentábamos sinestesias. Esta particularidad de Aronian le lleva a calcular de manera distinta a la mayoría de sus rivales en los torneos. Discurre llevado por la música que producen los movimientos que visualiza en el tablero antes de que estos se produzcan. ¡Como los pitagóricos! Su juego, de creatividad desbordante, es una delicia para el aficionado.

Levon, amable conversador, es un genio. Literalmente.

A Dudo, el gorrión que leía filosofía, le llamó poderosamente la atención el enfoque que el señor conejo daba a los números. ¡No le habían enseñado así en la escuela! Daba por hecho que algunas entidades se podían medir y que otras, sencillamente, no. Esto era tan obvio que ni se planteaba que las cosas fuesen de otro modo.

Se preguntó por qué las matemáticas se enseñaban desde esa perspectiva tan estrecha cuando, como ciencia, han de representar la universalidad del conocimiento. Le habían parecido tan repetitivas… Como era un estudiante eficiente las aprobó con buena nota, pero desapasionadamente. Habían sido, desde que salió del cascarón, un obstáculo gris que vencer para hacerse con el graduado escolar.

En eso reflexionaba, en la copa del abedul, en la linde donde el bosque brillaba por la corteza plateada de estos árboles y el sol se filtraba entre los intersticios de sus hojas color esmeralda. A Dudo le complacía formar parte de esa arboleda engalanada: entre los múltiples remedios medicinales del abedul le pareció que, además, debería figurar la serenidad que le producía a su alma.

El libro de filosofía de Dudo quedó abierto por la página 25, la que presentaba al enigmático Pitágoras. El pajarito sabía del filósofo por el famoso teorema que establece que, en los triángulos rectángulos, la longitud de la hipotenusa al cuadrado equivale a la suma de los cuadrados de los catetos, aunque también conocía que su nombre se asociaba a la teoría musical. Lo que descubrió, con esa lectura, le dejó asombrado.

PITÁGORAS DE SAMOS

FILOSOFÍA PARA AVES, pág. 25.

PITÁGORAS DE SAMOS [569 a.C.-475 a.C.]

El filósofo Pitágoras, quien vivió entre el 569 a.C. y el 475 a.C., nació en la isla de Samos. Has de saber que, siendo reconocido como el más importante impulsor de las matemáticas en la antigua Grecia, ni su pensamiento se hallaba libre de ideas esotéricas ni él lo pretendió. Sus teorías, en las que el número tenía entidad propia, inauguraron una serie de motivos que resonaron en los círculos filosóficos europeos hasta la modernidad. Es crucial que las aves sepan esto, pues su figura se ha distorsionado a lo largo de los siglos y, por desgracia, en algunos manuales de filosofía es presentado como una mente absolutamente racional. ¡Nada más lejos de la realidad!

Sus contribuciones a la matemática, a la música y a la astronomía deben entenderse bajo el prisma de las relaciones entre los pesos y las medidas, creando una metodología que, en el caso de la armonización musical, sigue vigente hoy en día. ¡Pero mucho cuidado con creer que todo lo pitagórico fue obra de Pitágoras! El conocido Teorema de Pitágoras, por ejemplo, parece ser obra de sus discípulos. Y es que estos, por lo general, dieron difusión a sus descubrimientos atribuyéndole los méritos al maestro. Por desgracia, no nos ha llegado ningún escrito del puño y letra del propio Pitágoras.

La escuela pitagórica funcionó, desde sus comienzos, como una comunidad religiosa. Y sus objetos de estudio, obviamente, no podían ser ajenos a este hecho. Entre las materias que ayudaron a desarrollar se hallaban la medicina, la cosmología, la política y, desde luego, la filosofía (con mención especial a la ética), siendo particularmente brillantes sus avances en las matemáticas y en la teoría musical.

En cuanto a la biografía de Pitágoras, no tenemos apenas conocimientos. Los primeros escritos en los que se alude directamente a su persona son de más de un siglo después, por lo que deben ser examinados con mucho cuidado, repletos de historias muy distintas entre sí. Su figura, con el paso de las generaciones, se exageró, llegándose a escribir textos que le presentaban como un ser sobrenatural. Igualmente, aunque esos relatos puedan parecernos más o menos dudosos, hay que contar con el hecho de que los pitagóricos practicaban el hermetismo: como las sociedades secretas, tenían símbolos místicos con los que se reconocían entre ellos y eran muy celosos de sus costumbres esotéricas, lo que dio lugar a multitud de habladurías sobre ellos.

Sobre sus progenitores, sabemos que él era un mercader de la ciudad de Tiro llamado Mnesarco y que ella, natural de Samos, se llamaba Pythais. Se cree que, gracias al trabajo de su padre, Pitágoras viajó a Siria, donde recibió instrucción intelectual, un tipo de conocimiento que se sumó a su habilidad para tocar la lira, sus dotes para la poesía y su conocimiento de las obras de Homero.

Se cree que, en Mileto, conoció a Tales cuando este ya era viejo. De esta visita parece ser que Pitágoras salió fascinado por las matemáticas y la astronomía, lo que definió su impronta como pensador. Y, si hacemos caso de la teoría más comúnmente aceptada, fue el propio Tales quien le aconsejó viajar a Egipto para ampliar sus conocimientos. En dicha visita a Mileto se supone que trabó amistad con Anaximandro, quien impartía clases para transmitir las ideas de Tales.

Se tiene la creencia de que Pitágoras buscó el conocimiento a partir de sus fuentes primeras, viajando también a Arabia, Fenicia, Babilonia y la India. De estos posibles desplazamientos, el más probable parece el de Egipto, siendo un viaje bastante seguro para el estándar de la época.

Se cree que, mientras viajó, visitó templos orientales en los que se supone que modeló su forma de concebir la existencia, no habiendo más noticias acerca de sus estudios. En aras de la verdad, su pensamiento bien puede encajar con el de un joven griego que se inicia en los misterios órficos, por lo que es una conjetura (aunque muy verosímil) que fuese tributario de los sacerdotes egipcios. Eso sí, cuando llegó a la actual Italia ya estaba preparado para formar su escuela, cosa que hizo con éxito.

Las aves han de saber que no hay consenso sobre por qué decidió establecerse en Crotona en lugar de hacerlo en Samos o en Tiro. Algunas fuentes aluden a que sus ideas no tuvieron éxito y otras, de manera opuesta, a que era tan famoso que se veía incómodo ante la presión para que tomase parte activa como legislador. Sea como fuere, en Crotona su escuela tuvo mucho renombre.

Pitágoras fue la cabeza visible de su escuela y quienes formaron su círculo más reducido de adeptos fueron conocidos como matematikoi. Los discípulos, hombres y mujeres, unos trescientos leales a Pitágoras que escuchaban las enseñanzas del maestro directamente, vivían en el seno de la comunidad de manera permanente. Destaca que no tuviesen posesiones personales y que, bajo estrictas penas, tuviesen que seguir las siguientes normas de conducta: secretismo, vegetarianismo, renuncia a vestir con cuero de animales y, ante todo, obsesión por la pureza. El grupo, con estas costumbres, adquirió un carácter profundamente hermético, teniendo incluso símbolos secretos para reconocerse entre ellos como pitagóricos aunque no se hubiesen visto antes. En cuanto a las enseñanzas, estas se pueden glosar en que la realidad es de naturaleza matemática, que la filosofía es un medio para alcanzar la pureza y que determinados símbolos son de carácter místico. Había también miembros que no pertenecían al núcleo duro (los acusmáticos), quienes tenían permitido poseer objetos personales y, de hecho, vivían en sus propias casas. Además, no se les imponía el vegetarianismo.

Creemos, por relatos que parecen fiables, que Pitágoras se casó en Crotona con Téano, teniendo descendencia. Su esposa, según parece, también fue una destacada filósofa, impartiendo clases en la comunidad de pitagóricos, coincidiendo con la rápida expansión de la hermandad, entidad que fue tomando carácter político y se dividió en facciones.

Sobre la muerte de Pitágoras hay más dudas que exactitudes, pues existen diferentes versiones. Entre las más aceptadas están la que cita su muerte sobre 532 a.C. y la que sitúa esta hacia 475 a.C. Lo que sí se sabe es que la escuela pitagórica fue atacada por un gobernante, aspirante a discípulo que fue rechazado, alrededor del año 508 a.C., habiendo fuentes que mencionan la huida del maestro a Metaponto (hoy desaparecida, en la actual Italia), donde finalmente fallecería años después.

En cuanto a la escuela pitagórica, sobre el año 460 a.C. fue atacada hasta la devastación, con el saqueo e incendio de sus casas de encuentro. A tal efecto suele mencionarse la "casa de Milo", en Crotona, donde un grupo de más de cincuenta pitagóricos fue asesinado. Los supervivientes de las matanzas de pitagóricos se dispersaron por las ciudades griegas orientales.

CAPÍTULO IV

-"NO HACÍA FALTA NADA MÁS, solo había que ponerse la venda en los ojos y dejarse llevar por la música" -concluyó el señor conejo.

Abril miraba con ojos repletos de inocencia a su ingenioso defensor, quien se mostró satisfecho de su propia locuacidad. A su vez, el gigante de piedra mostraba un semblante taciturno, pues la historia le había llevado la mente a las aguas de su adolescencia, cuando lo tenía todo por hacer y se permitía soñar con el futuro. Se supo, entonces, gigante incomprendido; siempre anduvo perdido.

-¡Oh, poderoso gigante! -le espetó el señor conejo-. El niño que fuiste, ¿reconocería al adulto que amenaza de muerte a una chica?

La pregunta golpeó al gigante de piedra con la violencia de un árbol barrido por la tempestad. Era algo a lo que debía hacer frente, pero ahí estaba él, sediento de venganza, y la joven seguía con vida.

-Ser, quienes queremos ser, es a veces... complicado -admitió.

-Si lo piensas bien, no es tan difícil. Basta con apartar la mirada del exterior y dejarla posar en tus adentros.

El gigante de piedra se llevó la mano a la boca. Cerró los ojos fuertemente. Ardientes lágrimas, pesadas como canicas grises, comenzaron a rodar por sus mejillas.

-Encuentra la paz. No dejes que la ira te gobierne, gigante. ¡Tú no eres así! -le rogó el señor conejo.

-Yo… Yo… -dubitativo, los ojos en blanco y las lágrimas aún por secar, el coloso no hallaba salida a sus sentimientos encontrados.

El señor conejo se congratuló de tener esa oportunidad de sembrar dudas en la mente del vengador. Con un poco de suerte y mucha habilidad conseguiría enzarzarle en una discusión para hacer correr el tiempo. La noche, aunque despacio, se acercaba.

Mas, por extraño que parezca, Abril y el señor conejo miraron con pena al coloso de rostro desencajado. Se hacían cargo del insondable dolor que le embargaba, por mucho que les estuviese amenazando con despojarles de la vida.

-Encontrarse a uno mismo en el perdón a los que nos han dañado es muy difícil -reveló el señor conejo-. Pero tus hijos querrían volver a ver en ti al padre amoroso que conocieron.

-¿Y si ahora no soy ese padre? ¿Y si ya nunca vuelvo a serlo?

-Esas palabras las dice el miedo que habita en ti, gigante, no tú. ¡Impide que crezca! ¡Hazlo desaparecer!

-¡A mí nada me asusta! ¡Soy un gigante de piedra! -se revolvió, como una fiera hostigada, el coloso.

-¡Tienes miedo de perderte! ¡No dejes que ese temor te destruya!

El gigante de piedra, cuyo rostro cambiaba como el tiempo en primavera, dio pavorosas palmadas al aire para no hacérselo al señor conejo. Al poco, recuperó la compostura y recapacitó:

-A veces llega un momento en el que uno se acostumbra a vivir sin sentimientos -sorprendió a los presentes-. Puede que sea mejor así...

-¡Sabes que la chica no tuvo intención de hacer mal!

Pero, de pronto, la rabia volvió a manifestarse:

-¡Es una asesina! ¡Ha matado a mis pobres hijos! ¡De la forma más cruel! ¡Rompiéndoles el corazón!

Y, cuando parecía que no iba a decir nada más, escondió la cara entre las manos:

-¡Me duele!

La voz terrible del gigante de piedra se hizo escuchar más allá del claro. En ella estaba concentrada toda la angustia del mundo, concretada en esas palabras, que ojalá nunca hubiesen tenido la necesidad de salir del vallar de sus dientes:

-¡Me duele! -repitió.

Abril, cuyas cualidades eran tantas que se hacen imposibles de enumerar, se acercó despacio al gigante de piedra y, sin decir palabra, le dio un sentido abrazo.

-¡¿Qué haces, asesina de mis hijos?!

El coloso apretó la mandíbula. Sus ojos se convirtieron en dos rendijas que apenas dejaban que se filtrase la luz. Sin embargo, Abril se abrazaba a él como si se tratase de un cachorrillo indefenso.

-A mí me duele cambiar... Me piden que madure, que sea como los demás... Y yo no veo qué hay de malo en cómo soy -la adolescente se enfrentó a sus fantasmas-. Aunque haya matado a tus hijos.

El gigante de piedra estaba atónito. Entonces, con una mano, en un descuido, acarició la cabeza de Abril con ternura. Casi, protegiéndola.

Pero, de inmediato, la apartó con brusquedad de su lado.

-¡Tratas de engatusarme, asesina de mis hijos!

El señor conejo se interpuso entre ellos, pues fue consciente de que el gigante de piedra iba a aplastarla.

-¿No has aprendido nada de esta chica, oh poderoso gigante? -dijo.

-¡Intenta manipularme con sus zalamerías! ¡Otros lo han hecho antes! -repuso el coloso-. ¡Y tú también lo estás intentando! ¡Quieres que me atrape la noche antes de que tome venganza!

El señor conejo pensó en perfumarse con mentiras, pero optó por una respuesta sincera y comprometida:

-¡Solo te está dando su afecto! -le enfrentó la mirada-. ¡Aunque sabe que quieres matarla! ¿Es que eres incapaz de aprender nada?

Muchos conejos, más señores que él, han acabado en la cazuela por menos. Pero el gigante respetaba su valor y le respondió:

-¡He llegado a ser el señor de estas tierras porque entiendo muy bien las cosas!

-¿Qué cosas? -inquirió el señor conejo para dar tiempo a que su interlocutor entrara en razón.

-Hace muchos años vivía por aquí un murciélago gigante. Era malo, ¡y muy poderoso! Se creía que iba a ser el amo del bosque para siempre. Y venía, a ratos, a molestarme. ¡Hasta que lo cacé y me hice un buen asado con él! -tronó la voz del gigante de piedra-. Ambos aprendimos una valiosa lección:

¡todo cambia!

El señor conejo, que era despierto como suelen serlo los de su especie cuando les dan la oportunidad de ser escuchados, puso a prueba su ingenio:

-¿El murciélago gigante era una criatura de este bosque?

-Sí, lo era. ¡Hasta que dejó de serlo! -se mofó el gigante de piedra-. ¡Ahora está en mi panza!

-¿Como los osos, los ciervos y las ardillas? ¿Así era de este bosque?

-Como todos ellos -concedió el coloso.

-¿Como los árboles, las setas y las piedras que respiran?

-Como todos ellos, sí -contestó, impaciente-. ¿Adónde quieres ir a parar?

-Nada, es solo que...

-¿Qué?

-Pues que, si una criatura te molestaba... ¿Por qué no aniquilaste a todas las criaturas del bosque? -preguntó el señor conejo.

-¡Qué locura! -se quejó el gigante de piedra-. Solo era un ejemplo...

-Quiero que entiendas que, aunque puedas encontrar ejemplos ciertos, no muestran la realidad en su globalidad. ¡Que otros te hayan engañado no implica que la chica pretenda hacerlo!

-¡Lo dices porque estáis desesperados! ¡Tú y ella! ¡Ella y tú! ¡Pronto... nadie!

El gigante de piedra levantó un tronco caído como si de un pequeño palo se tratase. Lo agitó para calibrar su peso y, esbozando una sonrisa maliciosa, lo blandió haciendo ver que iba a usarlo para golpear al señor conejo cuando, de improviso, la joven Abril se interpuso conteniendo las ganas de gritar:

-¿Perdonarás la vida a mi amigo si te cuento una buena historia que escuché en la escuela?

El gigante de piedra examinó su rostro lívido con atención:

-¿Es buena?

-¡Mucho! -afirmó la adolescente-. Aunque no puedo asegurarte que sea verdadera.

Viendo que el coloso no decía nada, Abril recuperó la serenidad y comenzó a relatar:

-"Érase una vez un chiquillo al que apodaban Conejo, pues tenía los dientes salidos y aspecto de roedor".

Dudo, el gorrión que leía libros de filosofía, no perdía detalle desde un poderoso roble en el que se encontraba. Acurrucado en la zona más frondosa de la copa, se acordó de un pensador griego del que había oído hablar. Se preguntó si la historia de la joven sería lo suficientemente buena como para mantenerle alejado de las páginas vestidas con palabras y, juzgando que la luz de mediodía era la mejor para disfrutar de un buen relato, decidió tomarse un pequeño descanso de su lectura. Le llamaba la atención que la noche se fuese acercando, aunque fuese muy lentamente, y que al gigante de piedra le estuviese pillando descuidado.

-HIP HOP-

Con frecuencia nos escudamos en la pretensión de ser "fieles a nuestra naturaleza" para no hacer lo que es debido, para alcanzar la estabilidad. Pero, ¿y si nuestra naturaleza es el cambio? Un cambio constante, que aniquile nuestras carencias y nos perfeccione las virtudes, que nos proporcione amplitud de miras. Para ello, hace falta flexibilidad. Creer de manera fanática en una verdad anula la capacidad de discrepar. A tal efecto, es difícil para los profesores cultivar el escepticismo en sus alumnos. El camino fácil es darlo todo por sentado y volcar la información en el estudiante, apagando su espíritu crítico.

Casi siempre somos ciegos al potencial que se oculta en nosotros mismos. En este sentido, puedo decir que soy muy afortunado. Tuve dos profesores, en época universitaria, que hicieron cuanto hubo en su mano para enderezar mi camino. Uno de ellos me contrató para que, dos días a la semana, me dedicase a leer los libros de su biblioteca personal; el otro, me llevaba en coche a casa prácticamente a diario con la intención de que no abandonase los estudios. Antonio Alegre Gorri y José Manuel García De la Mora me trataron como a un igual habiendo una distancia sideral entre nosotros y, gracias a su afecto y enseñanzas, he podido ser escritor. En cuanto a la universidad, no era para mí. Otras personas de más talento y erudición le sacarán mayor partido y el joven que una vez fui, el día que ya no esté, se sentirá, por fin, libre.

Érase una vez un chiquillo al que apodaban Conejo, pues tenía los dientes salidos y aspecto de roedor. Se trataba de un muchacho triste, que estaba siempre peleado con el mundo. Vivía con sus padres en una autocaravana abandonada en un suburbio, donde lo habitual era salir a buscar problemas y descargar la rabia a patadas contra las papeleras. Luego, le gustaba quemarlas, pues al ver cómo ardían sentía que el tiempo dejaba de correr. Prender fuego a las cosas era una lamentable metáfora de lo que hacía con su vida, pasaba los días echándolo todo a perder.

Conejo se decía que le iba bien así. Ni estudiaba ni tenía obligaciones, su rutina se limitaba a la escuela de la calle. Pero un día se le torcieron las cosas y acabó en el reformatorio. Como otros chicos del barrio que al juez de menores se le amontonaban en las carpetas amarillas de su despacho.

Entró en el reformatorio con la idea de salir. Le parecía absurdo que esos funcionarios, quienes cobraban menos por un mes de trabajo que los chavales que trapicheaban con drogas en un fin de semana, intentasen enseñarle algo. Allí intentaron inculcarle valores, pero la disciplina no funcionaba con él. Todo lo contrario, acumulaba rencor. ¡Como una batería humana! O, más bien, era un animal salvaje encerrado en una jaula que, a palos, se siguió maleando. Sus peleas con otros muchachos se fueron haciendo cada vez más violentas. ¡Llegó a verse con sangre en las manos! Y las clases para sacarse el graduado escolar, impartidas por profesores desmotivados que aspiraban a ser destinados a un lugar mejor, poco ayudaban a su reinserción en la sociedad.

La convivencia en el centro era imposible. Lo mejor que se podía decir de aquel sitio es que era tan ruidoso que, con suerte, uno era capaz de no oír sus propios pensamientos. Otras cosas sí llegaban con nitidez a los oídos: los insultos, las provocaciones, las vejaciones constantes. "Esa escoria estaría mejor muerta", oyó decir una vez a uno de los funcionarios. Fue consciente de que las palabras iban por él, pero no reaccionó. En el fondo, sospechaba que el guardia tenía razón.

Pero por las noches, asegurándose bien de que nadie se enterase, Conejo lamía sus heridas. Lo hacía del único modo que conocía, en su camastro, llorando en soledad, llenando sus manos de lágrimas en el más estricto silencio. Se decía a sí mismo que no era malo, que había algo bueno en él, aunque estuviese muy escondido. Después, la paz. Y, con ella, se abandonaba al sueño con la idea de que el paraíso también existía para los chicos perdidos.

Pero un día llegó al reformatorio un profesor diferente, un hombre que se empeñó en dar a los muchachos los conocimientos que la vida les había negado. Matías, que así se llamaba, no estaba dispuesto a darles por perdidos.

-Hoy vamos a aprender a hacer ecuaciones –el profesor comenzó la clase-. Las matemáticas aún no os entusiasman, pero os abrirán la mente.

Tenía un público difícil, especialmente Conejo. El chico hizo lo que pudo por reventar la clase:

-¡No! –se enfrentó a su profesor-. ¡Yo paso!

Así, cada día. Un tira y afloja entre profesor y alumno que se saldaba, siempre, con la negativa de Conejo. Pero el profesor Matías, inasequible al desaliento, lo intentaba de nuevo, esta vez con un proyector de diapositivas:

-Prestad atención, muchachos, vais a conocer los cuadros de Salvador Dalí. El pintor de Figueres, como vosotros, veía las cosas de manera muy distinta a los demás. ¡Tenía la mente abierta!

-¡No! –dijo, como de costumbre, Conejo-. ¡Yo paso!

Parecía imposible regar con conocimientos la cabeza del testarudo Conejo. Más lo intentaba su profesor; con más empeño se oponía. ¡Y eso que Matías lo intentó con la apasionante historia del antiguo Egipto, con física elemental, con química orgánica, con unas nociones de inglés...! Pero no había manera, la mente del chico estaba cerrada como un candado.

Sin embargo, un día las cosas tomaron otro rumbo. Conejo había estado fumando hachís antes de la clase y no tenía fuerzas para discutir con Matías. El profesor, viendo el estado en que se presentaba el joven, estuvo tentado de expulsarle. Mas no lo hizo. Se saltó el reglamento y permitió que el chico siguiese en el aula. Esta acción podía acarrearle consecuencias, pero era maestro por vocación.

-Aprovecharemos la mañana para familiarizarnos con la poesía de Emily Dickinson –comenzó a decir Matías con voz profunda frente al encerado-. Empezaremos con el poema "En mi flor me he escondido...".

Conejo se echó a reír. Los tipos duros como él no leían... ¡y, mucho menos, poesía! Pero su mundo dio un vuelco cuando oyó a su profesor declamar los versos:

"En mi flor me he escondido
para que, si en el pecho me llevases,
sin sospecharlo tú también allí estuviera...

Y sabrán lo demás solo los ángeles.

En mi flor me he escondido
para que, al deslizarme de tu vaso,
tú, sin saberlo, sientas
casi la soledad que te he dejado".

Los chicos, por primera vez en lo que llevaban de curso, estuvieron en silencio. Los versos se habían abierto paso hasta los sentimientos del muchacho y, aunque este trató de hacerse el indiferente, algo en su coraza se había quebrantado. Matías, al ver el rostro compungido de Conejo, se sintió satisfecho.

Aquel año, el último de Conejo en el reformatorio, quedó en la memoria del profesor Matías como la ocasión final que la sociedad tenía de hacer algo bueno por él. Ese joven, siempre con la pena y la rabia prendidas en la mirada, nunca había tenido una oportunidad. La que todo el mundo merece.

Cada jornada de escuela hacía más personas a los muchachos y aquel, el que era conocido por el sobrenombre de Conejo, hacía las paces con el universo. Más conocimientos entraban en su mollera; menos le costaba relacionarse consigo mismo y empatizar con los demás. ¡Ojalá ese curso hubiese durado mil años! Conejo tamborileaba el lápiz sobre las libretas y, con la felicidad que amontonaba entre las cuatro paredes del aula, construía frases elaboradas.

Finalmente, una mañana el guardia no le dejó entrar en la clase. Su tiempo en el reformatorio había expirado. El chico, cabizbajo, echó la vista atrás una última vez antes de hacer las maletas. Deseó cruzar la mirada con la de su profesor, expresarle todo el agradecimiento del mundo por ayudarle a domar su bestia interior. Sin embargo, el guardia se mostró inflexible y hubo de marchar sin despedirse.

Pasaron varios años. Las clases en el reformatorio siguieron su curso, como ríos de información que pocos estudiantes navegaban. Matías, con una incipiente cojera, conservaba la ilusión de ilustrar a nuevas generaciones de jóvenes descarriados. "Alguien ha de hacerlo", decía cuando le preguntaban. Pero quienes le conocían bien tenían claro que lo suyo era una misión imposible. Porque facilidades, en el reformatorio, no había. Aquello era un aparcadero de jóvenes sobrantes a la espera de un destino peor en las calles. Excepto para los pocos que, por fortuna para ellos, tuvieron como maestro al buen profesor.

Un día, de camino al trabajo, Matías se detuvo frente a una tienda de música. Sonaba un tema de hip-hop muy pegadizo, una historia de la calle. Curioseando, se fijó en que el escaparate estaba adornado con discos de vinilo que publicitaban el tema que estaba sonando. El profesor, llevado por el ritmo, no pudo evitar sonreír y mover los pies. Bailaba muy mal, pues no tenía la costumbre de hacerlo.

-La compuse pensando en usted, Matías.

Cuando el profesor se giró, al oír la voz, se llevó la mayor alegría del mundo:

-¡Conejo! -exclamó.

El que había sido su alumno más conflictivo tenía las manos en los bolsillos, se mostraba relajado y, para su regocijo, sonreía. Trasmitía autoconfianza. ¡Al fin se había hecho hombre!

-Dejé la mala vida. Empecé a escribir canciones y me contrató una discográfica. Dicen que canto bien.

Se hizo el silencio entre ellos, aunque la ciudad no lo entendiera. Fue un silencio para nada incómodo, reverencial. Entonces, Conejo hizo la pregunta que llevaba años anidando en su mente:

-¿Por qué no tiró la toalla conmigo?

Matías sonrió.

-Porque necesitabas que alguien prendiese la llama que iluminara tu alma, muchacho.

Aceptar la imposibilidad del cambio en quienes se han equivocado previamente es tentador. Resulta sencillo y, además, no es arriesgado. Sin embargo, la segunda (tercera, cuarta, quinta...) oportunidad que todos merecemos suele venir acompañada de resultados sorprendentes. Se trata, en el fondo, de la vieja discusión sobre la naturaleza humana: ¿el hombre nace bueno o viene a la vida siendo malo? Para abordar esta situación recomiendo leer primero algún apunte biográfico sobre el Nobel español Santiago Ramón y Cajal, el mejor de los nuestros.

Don Santiago fue un joven que tomaba malas decisiones y, careciendo de estudios y de oficio, parecía condenado a ser un marginado. Fue expulsado de trabajos sencillos y su padre, preocupado por el chico, no sabía qué hacer con él. Curiosamente fue la guerra, en Cuba, lo que le ofreció la oportunidad de cambiar su estrella. De ahí, a revolucionar el saber científico, siendo reconocido mundialmente como uno de los genios cuyos estudios contribuyen a explicar el funcionamiento de la mente humana.

Cambiar duele. Es un proceso doloroso porque creíamos que ya nos iba bien permaneciendo donde estábamos. Conlleva esfuerzo. Corremos el riesgo de que, luego, no nos guste el resultado. Mas, ¿cuál es la alternativa?Permanecer en la quietud es morírsenos el alma, aletargarnos. ¡Bienvenidos sean los cambios, aunque nos cueste aceptar las consecuencias!

Fue entonces cuando Dudo, el gorrión que leía filosofía, ahuecó la cabeza bajo un ala. Lo hizo como en los días que le vieron salir del cascarón, cuando se asustaba de su sombra y le daba vergüenza lo que los demás pensasen de él. Tomó conciencia inmediata de las veces en que negó una oportunidad a otros gorriones. Más, que de las que le habían sido negadas a él. "Porque en lo mío no podía hacer nada, pero en las de los otros pude haber intervenido", se atormentó.

El fantasma que rondaba la mente del gorrión estaba formado por gorriones cuyas plumas eran de un color diferente a las suyas. Entre ellos, se sentía de otra especie. No necesariamente mejor, por fortuna, pero sí distinto. Cuando ellos iban en una dirección, él volaba haciendo la diagonal. Cuando algo les entusiasmaba, él se hundía en el aburrimiento. Cuando dormían, él leía como si no fuese a haber un mañana, hasta que el amanecer le golpeaba los ojos. Dudo, en cualquier universo posible, se sentía condenado a no encontrar un pájaro con el que compartir el color de sus plumas.

Asaltado por esos pensamientos, el gorrión encontró consuelo entre las hojas lobuladas del roble. El color oscuro de la corteza le hacía invisible a miradas inquisitivas, dándose el gusto de picotear las agallas del árbol para saciarse de insectos sin sentirse observado.

HERÁCLITO DE ÉFESO

FILOSOFÍA PARA AVES, pág. 46.

HERÁCLITO DE ÉFESO [540 a.C.-480 a.C.]

Poco sabemos sobre Heráclito, más que su sobrenombre: "el Oscuro de Éfeso". ¡Muy impresionante, impone respeto! Para empezar, debes conocer que vivió entre los años 540 a.C. y 480 a.C. De hecho, los buenos gorriones han de tener especial cuidado con esta última fecha, ya que es la de la victoria en la batalla de Salamina y los griegos eran dados a usarla como argumento ideológico. Es decir, que lo más probable es que muriera "sobre" el 480 a.C.

Heráclito nació en Éfeso, Jonia, en la costa occidental de Asia Menor (lo que actualmente es Turquía). Era de familia noble, cuyos miembros heredaban el sacerdocio oficiante de Deméter, por lo que estaba íntimamente ligado al culto relacionado con los Misterios eleusinos. Se supone que era un hombre de carácter muy severo, lo que le llevó a distanciarse tanto de los propagandistas de la incipiente democracia como de los partidarios de la tiranía como sistema político. ¡Se cansó de esos parlanchines! De ahí que escogiese vivir en retiro.

Destacó en el campo del pensamiento filosófico, pero solo conservamos pequeños fragmentos de su obra y, para complicarlo más, su estilo es extremadamente hermético, cerrado, difícil de entender. Podría decirse, para simplificar sus razonamientos que, aunque su metodología entronca con los pensadores milesios, toma del pitagorismo el concepto de "armonía" y lo usa para dar sentido al movimiento (al cambio en la materia). Adentrarse en sus ideas es hacerlo en un lenguaje muy confuso a ojos del lector moderno, cuya interpretación sigue siendo objeto de tensos debates entre los académicos.

Lo que nos ha llegado de su obra está redactado en un libro que escribió en forma de aforismos, sentencias cortas que pretenden presentar principios de forma cerrada, inapelable. Al leer al "Oscuro de Éfeso" uno tiene la sensación... ¡de hallarse frente a un oráculo! De hecho, Heráclito entregó su libro a las autoridades del gran templo de Artemisa efesia. ¡Toda una declaración de intenciones solemnes!

Sus discípulos destacaron de las enseñanzas que impartió la idea de que todo fluye, siendo la más popular de sus sentencias esa que afirma:

"En los mismos ríos entramos y no entramos, somos y no somos"

Idea que suele interpretarse como "Nadie se baña en el río dos veces porque todo cambia en el río y en el que se baña". ¡Ahí es nada! Este pensamiento es profundo, pues lleva a la conclusión de que no hay modo de encontrar la verdad en el estudio, ya que los objetos no vuelven a ser los mismos una vez observados. ¡Quién iba a decirle a Heráclito que la moderna física de partículas iba a darle la razón tantos siglos después! Tiene gracia que, miles de años tras su muerte, los grandes científicos de nuestro tiempo llegasen a la conclusión de que las partículas subatómicas no pueden ser estudiadas con certeza porque, al hacerlo, las manipulamos y sufren un cambio. En el fondo, esta crisis del conocimiento es desalentadora. Choca de frente con la noble aspiración de la filosofía, derribar el muro del misticismo para hacer accesibles los jardines de la razón.

El filósofo de Éfeso traza una cosmología en la que todo lo existente se expande y se contrae hasta un fuego primordial en un ciclo repetitivo. Si jugásemos a emparentar sus ideas con la física actual, ¿no te recuerda a la teoría del Big Bang? Desde luego, el factor clave en sus teorías es "el tiempo", lo que media entre dos estados de un cuerpo tras sufrir el cambio:

> *"Lo mismo es viviente y muerto, despierto y durmiendo, joven y viejo; pues esto al cambiar es aquello y aquello al cambiar es de nuevo esto"*

¡Vaya frasecitas para aves con ganas de estrujarse la mollera! ¡Heráclito fue el padre de respuestas contradictorias que nunca llegaron a encontrarse! Para dar cuenta de la dificultad de interpretar su legado, conciso y abarcador, es preciso exponer que usualmente expresaba sus pensamientos usando el oxímoron y la antítesis. El primero es una figura retórica que consiste en usar dos conceptos opuestos en la misma frase para dar origen a un tercero (pensemos, por ejemplo, en la construcción "un instante de eternidad"); la segunda, consiste en oponer conceptos que, haciendo una lectura filosófica de los mismos, suelen resultar en la refutación del primer concepto (por ejemplo, la construcción "si me amas yo no te amo"). ¡No te frustres si comprenderlo te resulta difícil! ¡Lo es para todos! Has de saber que Sócrates, tras leer el libro de Heráclito, exclamó: "Lo que he entendido es elevado, y elevado también parece lo que no entendí". Es decir, no hay estudioso de la filosofía que se atreva a decir, en público, que entiende la obra del "Oscuro de Éfeso". ¡Y el que lo diga miente más que habla!

A modo de anécdota, has de saber que el filósofo Crátilo tomó por la senda radical las enseñanzas de Heráclito, llegando a la conclusión de que, como todo cambia, también lo hacen las palabras. Así, al entender que la comunicación era un acto imposible, decidió estar callado hasta el final de sus días, limitando su conversación al hecho de mover el dedo.

-ÉPOCA: S. VI-V A.C.
-LUGAR DE NACIMIENTO: ÉFESO.
-OBRA DESTACADA (FRAGMENTOS): AFORISMOS.
-IDEA PRINCIPAL: TODO CAMBIA.
HERÁCLITO DE ÉFESO

CAPÍTULO V

-"PORQUE NECESITABAS que alguien prendiese la llama que iluminara tu alma, muchacho"-terminó de relatar Abril.

La adolescente, concluido su cuento, se acomodó el vuelo del vestido. Luego, tomando aire profundamente, se sentó, apoyando la espalda en un generoso manzano. Esperó, su respiración era pausada. Allí, en el claro, indefensa frente al gigante de piedra, preocuparse carecía de sentido. A sus dieciséis años se permitió apreciar la calma que se apoderó del bosque cuando la criatura poderosa dejó de bramar.

"Hace tres horas que debía darse por muerta. ¿De dónde sacará fuerzas para no perder el sentido?", se preguntó el señor conejo. Mientras tanto, Abril dio con un pensamiento demoledor: "cada bocanada de aire fresco ha sido la última". No había sendero que llevase hasta allí y que luego pretendiera borrarse en el polvo, era inútil ponerse cortinas en los ojos para que no entrase el sol.

El relato de Abril había sido un canto a la libertad, al valor del ser humano, al cambio como catalizador de las propias posibilidades. El gigante de piedra y el señor conejo tomaron parte de esa idea, callando. Las mariposas aletearon más suavemente para no enturbiar el silencio.

-Bonito cuento, pero eso no cambia las cosas. Va a morir. ¡Aquí y ahora! -vociferó el coloso.

La joven, temiéndose lo peor, se hizo la dormida. Si la muerte llegaba, que lo hiciese con dulzura y descalza, con el pensamiento de Abril aligerado por sus sueños de adolescente.

-¡Te lo suplico, oh poderoso gigante! ¡Apiádate de esta chica!

El señor conejo cubrió con su propio cuerpo a la joven.

-¡Aparta! -gritó el furioso vengador.

-¡No!

-¡Aparta, te digo! ¡O te aplasto la cabeza!

-¡Te digo que no!

-¡Pues tú lo has querido!

-¡De aquí no me muevo! -se envalentonó el señor conejo.

-¡Mira que eres terco! ¿Es que no ves que aún te puedes salvar?

-¿Cambiaría eso algo?

Al gigante de piedra se le acabó la paciencia. Se dispuso a descargar su cólera sobre el cráneo del señor conejo. Y lo habría hecho, de no ser porque Abril dejó de simular que estaba dormida:

-Aunque nos mates seguirás teniendo un buen corazón -le dijo.

El coloso se detuvo. Cualquier argumento habría caído a golpes bajo sus puños, excepto ese. Aturdido, se giró, dio la espalda a sus enemigos.

-No lo hagas más difícil… -rogó a la adolescente.

La cara de Abril parecía pintada por los pinceles de un ángel. En sus mejillas, del color de los melocotones, se expresaba el rubor de la inocencia. No le hacía falta decir nada para provocar efectos devastadores en la coraza sentimental del coloso.

-¡No me mires así! -ordenó el vengador.

Para él era fácil decirlo; para ella era imposible mirar de otra manera. El señor conejo, que era muy avispado viendo las oportunidades, tamborileó con las patas sobre la hierba y reflexionó en voz alta:

-Creo que hemos estado equivocados todo este tiempo…

El gigante de piedra seguía dándoles la espalda, mas siguió la conversación:

-¿A qué te refieres, conejo?

Un silbido, que era el viento filtrándose por las cuerdas del arpa que formaban las hebras de las hojas de hierba, cruzó el claro. Las ramas del manzano se mecieron con suavidad, acompañándolo.

-A que dábamos por sentado que las cosas cambian -dijo, con la luz en la mirada que tiene quien se sabe poseedor de un tesoro, el señor conejo.

El coloso, llevado por la curiosidad, volteó la cabeza y buscó con la mirada a su pequeño interlocutor:

-¿Y eso?

-La chica me ha hecho ver con claridad que, pese a las apariencias, lo que es, es. Que lo que no es, no es -aseveró el señor conejo-. Y tú eres un buen gigante y no eres un asesino, por lo que ni vas a dejar de ser un buen gigante ni vas a ser un asesino.

El gigante de piedra se puso a la defensiva:

-Hacer justicia no le convierte a uno en asesino.

-Matar, sí -le contradijo el señor conejo.

El coloso y el señor conejo se sostuvieron la mirada.

-¿Puedo, poderoso gigante, contarte una historia?

-¿Otra? ¿Es que no se te acaban las palabras? -se burló el gigante de piedra.

-Te ruego que me escuches. Luego, si aún sigues empeñado en matar a la chica, lo aceptaré.

-Entonces, habla. Y ten mucho cuidado en no hacer la historia demasiado larga.

El señor conejo, habiendo captado el mensaje de apremio del gigante de piedra, comenzó a decir:

-"Sucedió en China, mucho tiempo atrás, cuando el buen monje Foyin se dirigía por un estrecho camino entre las montañas en dirección al Templo Orquídea".

Abril, recogida en sus rodillas, apartó la mirada del gigante de piedra. Dudo, el gorrión que leía filosofía, liberó tensiones picoteando una manzana.

-EL MONJE Y EL LADRÓN-

¿Cómo podemos estar seguros de lo que conocemos si vivimos en un mundo cambiante? A veces, cuando siento la necesidad de lanzarme compulsivamente al estudio de algo, me pregunto si no será una pérdida de tiempo. "¿Para qué tanto esfuerzo si un día no estaré?", la pregunta horada mi alma como la lluvia va abriéndose paso a través de la piedra. Me falta la respuesta, lo mismo que me falta el aire al respirar cada vez que pienso que esto se acaba. Pero, ¿y si el cambio es solo una ilusión? ¿Y si lo que somos, de alguna manera, está destinado a permanecer?

Las estrellas que brillan en la noche llevan allí una eternidad. Han visto mucho. Lo han visto todo. "Dime, estrella más brillante en la noche, ¿puedes escuchar el latido de mi corazón solitario perdido en la inmensidad? ¿Vas a ser tú, estrella más brillante en la noche, la compañera que me guíe en las sombras hasta que alcance la eternidad?".

Sucedió en China, mucho tiempo atrás, cuando el buen monje Foyin se dirigía por un estrecho camino entre las montañas en dirección al Templo Orquídea. Iba distraído, pensando en sus cosas, cuando fue asaltado por un ladrón:

-¡Dame todo lo que tengas! –gritó el bandido blandiendo un cuchillo-. ¡Si es que aprecias tu vida!

-Soy pobre –respondió el monje mostrando sus palmas desnudas-. Todo lo que tengo es lo que soy, y no te lo puedo dar. ¿Cómo puede un hombre entregar su curiosidad, su inocencia o su amor por las cosas pequeñas?

El ladrón, frustrado, guardó el arma de nuevo entre los pliegues de su ropa. Se sentó en una roca, a la sombra de un árbol. Necesitaba pensar.

-Supongo que esta es la prueba definitiva de que no valgo para esto –comenzó a decir amargamente-. Y no hay otra cosa que se me de bien...

-Eso es algo que aún no has descubierto. ¡Te sorprenderías de lo que somos capaces si nos lo proponemos! ¿Me acompañas el resto del camino y hablamos de ello?

El ladrón, cuya senda estaba tan confusa como el vuelo errático de las mariposas, se encogió de hombros y aceptó la propuesta de Foyin.

Se adentraron en una vía entre las montañas, muy densa en vegetación, que pocos viajeros se atrevían a tomar. Era una ruta en la que acechaban fieras salvajes, pero el día estaba despejado y el sol infundía ánimos en el corazón. De vez en cuando hacían un alto, lo que aprovechaba el monje para hacer un pequeño fuego y calentar un cuenco de agua con hojas de té verde que llevaba en un saquillo.

Esa fue su rutina durante media jornada. Iban en silencio, el bandido aún sentía vergüenza por sus actos. Entonces, de pronto, un oso panda se cruzó en su camino. El animal, inquieto, se encaró con el monje. Gruñó, le enseñó los dientes. Parecía dispuesto a atacar.

-Si no le provocamos se irá –dijo, en voz muy baja, el monje Foyin.

Y tan bajo lo diría que su compañero, haciendo justo lo contrario, se acercó al oso. Para sorpresa del monje, el animal no reaccionó mal y, cuando el salteador se puso a acariciar su lomo, el oso panda ronroneó como un cachorrillo. Dócilmente, dio un lengüetazo en la mano al ladrón. Luego, satisfecha su curiosidad, desapareció entre el bambú.

"¡Sagrado Buda!", meditó el monje. "¡A mí me gruñe y con este ladrón se pone a ronronear!".

Siguieron caminando, subiendo laderas y empinadas cuestas, bajando las faldas de los montes. Anduvieron varias horas bajo un fuerte sol, ya en un terreno más despejado. Al cabo de un rato, divisaron las aguas risueñas del río en cuya ribera se encontraba el Templo Orquídea. Echaron una carrera hasta la orilla, cuando de improviso el buen Foyin paró en seco. ¡Una cobra real se interponía entre ellos y el río!

-Vamos a dar un rodeo –expuso el monje en voz queda-. Es una serpiente muy peligrosa...

Pero, cada vez que Foyin se movía un poco, la serpiente reptaba hacia el mismo lado y le mostraba los dientes.

-¡Qué mala suerte! –exclamó-. ¡No podemos pasar!

Mas el bandido no hizo caso de su observación. Dio unos pasos hacia la cobra real y, viendo que la serpiente no se mostraba agresiva con él, se arrodilló junto a ella en el margen del río y sació su sed. Después, llenó de agua una pequeña calabaza que llevaba en la cintura.

El monje estaba sorprendido. Cuando el ladrón volvió con él, pasando de nuevo junto a la cobra real, no pudo disimular su contrariedad:

-¡Por Buda! ¿Cómo es posible que la serpiente me impida pasar y a ti no te haga nada?

El salteador carecía de una respuesta y, sencillamente, ofreció la calabaza con agua a su compañero. Este bebió y se refrescó, pero en su pensamiento se había instalado la semilla del rencor. Por fortuna, ya podían divisar el templo a simple vista.

¡Pero no habría de pasar mucho tiempo sin que volviesen a sufrir un sobresalto! Estaban a punto de llegar al Templo Orquídea cuando, de un salto, un imponente tigre se interpuso entre ellos y la escalinata de piedra por la que se accedía al templo.

-¡No te muevas! –ordenó Foyin-. ¡Si damos un paso en falso nos devorará!

El gran felino llenaba de rugidos la caída del atardecer. El terror del monje se reflejaba en las pupilas del animal, cuyas afiladas garras presagiaban el fin de sus días.

-¡Estamos condenados! –gritó el monje.

Foyin, aterrorizado, cayó de rodillas, cerró con fuerza los ojos, se cubrió la cabeza con las manos. Incluso tuvo tiempo para arrepentirse de haber hecho camino con el bandido, para quien fueron sus últimos pensamientos. "¡Si no hubiese venido conmigo ese canalla podría haberme salvado!". Lamentó, también, todos los besos que nunca dio, como lamentó todas las veces en que no había implorado a Buda una vida larga.

Entonces, al ver que pasaba un rato largo y el tigre no le devoraba, se dio cuenta de que le estaba dando tiempo a lamentar muchas cosas y se atrevió a mirar. Lo que vio le heló la sangre: ¡el tigre se estaba dejando acariciar por el bandido! El monje, que no creía lo que le mostraban sus ojos, rompió a llorar.

-¿Por qué eres tan injusto conmigo, Buda? –se quejó amargamente-. ¿Por qué a él no le atacan los animales?

Entonces, el tigre se acercó a Foyin y, susurrándole al oído para que solo el monje lo oyese, dijo:

-Porque ese de ahí, al que tú llamas ladrón, es el mismo bebé que lloró al nacer, el mismo niño risueño al que su madre hacía cosquillas, el mismo joven que se enamoró de la chica más buena de su pueblo. Nada ha cambiado, aunque tú, un monje tan sabio, no lo puedas ver.

¿Qué es lo que cambió en los niños que una vez fuimos? Quizás, nada. Puede ser que nuestro mundo de adultos, complicado y hostil, sea un constructo imaginario al que no debamos prestar demasiada atención.

Llegar siempre un poco tarde, no perder la ocasión de sonreír y mantener despierta la curiosidad son, por este orden, el nexo que ha de mantenernos fieles a nuestra naturaleza.

Esta fue, de entre todas las historias que había estado escuchando, la que más caló en el corazón de Dudo. El gorrión que leía filosofía tenía dificultades para aceptar la parte de su alma más carnal, que seguía ahí por mucho que la mortificase estudiando. Era, de forma análoga a la rama horizontal del manzano, demasiado sólida como para obviar su presencia.

"¿Y si vivo engañado? ¿Y si mis gafas de estudiante son un artificio que me ha hecho olvidar que soy un gorrión vulgar?", se preguntó. La duda le atormentaba. Aquello que tanto detestaba le devolvía la mirada en el espejo y su meta en la vida, filosofar, se le antojaba una quimera. "Pero me llaman filósofo. ¡Aquí tengo el título que lo demuestra!", trató de convencerse a sí mismo mientras apretaba un papelito de calificaciones escolares con la pata.

Pero de nada le sirvió. Por mucho valor que tenga el ir repitiendo las frases de los demás, el verdadero filósofo es el que acuña pensamientos originales. Mil pajarillos mediocres cantarían trinos de otros en mil jaulas de oro, pero escaseaban los gorriones capaces de abrirlas. ¿Y qué es la filosofía, sino el abrir la jaula de la mente a nuevas ideas?

En esos tristes pensamientos se hallaba Dudo cuando volvió la vista hacia las páginas de su libro. No halló consuelo, pues la hondura de su dolor no admitía tratos con las prisas, pero sí inspiración. Parménides encabezaba la página 86 del tomo de "Filosofía para aves". Y el gorrión, ante semejante prodigio de buena esperanza, leyó y releyó las páginas protegidas por las hojas dentadas del manzano, hasta quedar saciado de conocimiento.

PARMÉNIDES DE ELEA

FILOSOFÍA PARA AVES, pág. 86.

PARMÉNIDES DE ELEA [515 a.C.-450 a.C.]

Todas las aves deben saber quién fue Parménides. No basta con tener en mente que nació en la ciudad griega de Elea, una colonia al sur de la actual Italia. Tampoco, la erudición de conocer que nació sobre los años 530 a.C. y 515 a.C. Estas cosas, que están muy bien para figurar en los libros, son proposiciones vacías que en nada ayudan a comprender quién fue realmente este pensador. De hecho, ¡las fechas biográficas de Parménides vagan en la oscuridad! Los estudiosos conjeturan la datación de sus hechos mediante fuentes indirectas y, por lo tanto, su fiabilidad es muy relativa. Para que te hagas una idea, Platón, en su diálogo "Parménides", expresa la fecha de nacimiento del pensador ligándola a la madurez del filósofo Jenófanes (los 40 años, un hecho invariable para medir la edad de los pensadores según los antiguos griegos, lo que el fundador de la Academia tenía por costumbre enlazar con el nacimiento del discípulo del pensador referenciado. Algo, a todas luces, más conceptual que exacto).

La forma más adecuada de presentar a Parménides al lector actual es reconocer su posición como fundador de la metafísica occidental. "¿Y qué es la metafísica?", te estarás preguntando. Pues se trata de la parte de la Filosofía que estudia el ser y sus causas primeras.

Se dice que el filósofo Parménides fue hijo de familia noble. Este dato biográfico nos explica que, en los tiempos del filósofo, pudiese tener acceso a los estudios.

Sobre su formación intelectual, se consideran posibles dos opciones. Una dice que fue discípulo de Jenófanes, siguiendo luego de desengañarse con él a un maestro pitagórico, Aminias. La otra tradición, igualmente plausible, recoge que fue discípulo de Anaximandro.

Ejerció, como otros filósofos, de miembro destacado de su ciudad. Es bien conocido que fue legislador y, a partir de una inscripción encontrada en 1969, muchos estudiosos se inclinan por la teoría de que, además de filósofo y político, fue médico.

Hay un episodio que ha generado mucha polémica entre los estudiosos de Parménides. "¿Cuál será?", se preguntarán las aves que leen este texto. Y es que, aunque Platón escribió el diálogo mencionado anteriormente entre un viejo Parménides (acompañado de su discípulo Zenón, también de Elea) y un joven Sócrates, parece poco probable que tal encuentro sucediese. Parece, más bien, ficticio. Posiblemente, un modo de mostrar que su maestro podía mantener su estatus de pensador frente a los más experimentados filósofos de su tiempo y de su pasado reciente. ¿Debería esto hacernos ver con nuevos ojos la conocida sentencia de Aristóteles "Soy amigo de Platón, pero soy más amigo de la verdad?". ¿Era una crítica a su maestro que va más allá de la divergencia de opiniones sobre filosofía? ¿Pudiera ser que el estagirita estuviese criticando los procedimientos que usaba su maestro para escribir sus diálogos? Otras aves vendrán que resolverán esta duda. O, tal vez, quede ahí enquistada, siendo Platón y Aristóteles los únicos que, en sus conversaciones privadas, sepan la verdad.

Resolver el problema del conocimiento representa la gran ambición intelectual de Parménides. Ante los sucesos cambiantes de su entorno, concluye que el cambio es una ilusión. Según su interpretación, no puede concebirse que algo sea y que deje de ser unos instantes para, después, volver a ser. Glosa su pensamiento la conocida cita que se le atribuye: "el ser es y el no-ser no es".

Solo conocemos una obra escrita por él, un poema de contenido filosófico construido en hexámetros (verso típico de los poemas épicos). Se trata, como sabrán las aves que hayan leído a Homero (no te dejes engañar por el nombre, pues "Homero" fueron muchos), de una forma de narrativa fácil de recordar, rectilínea y con estructuras anilladas intercaladas (ese apartarse del texto por un momento para volver a él, con mayor riqueza de exposición, que tanto nos gusta). Por desgracia no nos ha llegado en su totalidad, sino que conservamos diversos fragmentos que aparecen en citas de otros autores. Sin embargo, en contra de lo que pudiera parecer, esos fragmentos son suficientemente explícitos para darnos una idea extensa del espíritu de su pensamiento. ¡Qué suerte, que no haya sido engullido por el olvido! El poema de Parménides representa una revelación de los dioses que consta de dos partes: la "vía de la verdad" y la "vía de las opiniones de los mortales".

La "vía de la verdad" estudia el "ente" (lo que es) con argumentos que demuestran sus atributos. Para que todas las aves lo entiendan, viene a decir que es algo absolutamente perfecto, puro, que siempre ha existido tal y como es. ¡Y que nunca perecerá! Niega, además, el "no-ser". Y esto, el negar la nada, fundamenta que no pueda existir el cambio, pues para que un ser cambiase sería necesario que por un momento "no-fuese".

"«(...) lo que es» no fue, ni será, puesto que es enteramente «ahora». Por otra parte, si no se puede inteligir o decir nada sobre «lo que no es», entonces no hay posibilidad de hallar desde dónde se habría generado, ni por qué razón se generaría «antes» o «después», surgiendo de la nada" (versos 6-10).

La "vía de las opiniones de los mortales" es un tratado cosmológico en el que expone la ubicación y composición de los astros, así como los fenómenos meteorológicos de nuestro planeta, los accidentes geográficos y el origen de la humanidad.

Esta composición resulta muy moderna para la época en la que se escribió. Si bien el contenido de la "vía de las opiniones de los mortales" está claramente inspirado en los trabajos de filósofos físicos que le precedieron (es sencillo encontrar paralelismos con la tradición jonia y con la escuela pitagórica), la "vía de la verdad" supone un punto y aparte en el curso de la filosofía griega. Ello es debido a que Parménides había conducido el conocimiento de lo sensible a una crisis cuyo eco aún reverbera en las publicaciones de física teórica actuales. Por eso se tiene en tan alta consideración a Parménides, pues abrió una puerta que aún no ha sido cerrada. ¡Es imposible entender a Platón o a Aristóteles si no se tienen unas nociones de lo que argumentó Parménides!

Ahora que las aves han visto esto, ¿no te parece extraño que Parménides usase el hexámetro para su poema en verso cuando los físicos de su tiempo se expresaban en prosa? Esto, como podrás apreciar, lleva milenios generando debate. Actualmente se considera que se trata de una objeción al modo de hacer de Anaximandro (quien introdujo la prosa en este tipo de obras), pero es una cuestión aún lejos de estar resuelta. ¿Tú qué crees?

Por otra parte, es imposible no ver a Hesíodo al leer a Parménides. Hesíodo había pedido a las musas, en sus obras, que le bendijesen para componer un buen relato y, oyendo a los dioses (aquí las aves pueden interpretar esto como deseen), escribió una cosmogonía. ¡Parménides parece refutarla ubicando dicho modelo cosmogónico en la "vía de las opiniones de los mortales"! ¿Acaso no creía en los dioses? Cuesta mucho creer eso. Tal vez sea una duda, más que una aseveración, lo que parece encajar más con un griego de su época. Pero dar a entender que los dioses no son algo inmóvil y perfecto fue un tanto delicado. ¡Se han quemado brujas por mucho menos! Por suerte no tuvo que vérselas con las autoridades de la Europa medieval, especialmente en su zona central, poco abiertas a nuevas ideas en comparación con las de la antigua Grecia.

Te recomiendo su lectura, pues ahí está el origen de todas las preguntas que constituyen la filosofía de Occidente. Después han ido viniendo muchas respuestas, como hijas que acuden al canto de su madre, pero las vasijas en las que traen sus ofrendas están medio vacías.

Descubrirás, en el proemio del poema de Parménides, el viaje del hombre en busca de conocimiento. Lo hace de un modo fuertemente evocador: en un carro tirado por animales. Luego de conseguir franquear un pórtico de piedra será recibido por una diosa, quien le presenta las dos vías de conocimiento (la de la verdad y la de las opiniones de los mortales). La necesidad de conocer la "vía de la verdad" cae por su propia obviedad, siendo muy interesante que el filósofo exprese la necesidad de conocer también la otra vía. Tiene claro que ahí va a encontrar ideas que no se sustentan en la verdad, pero que han gozado de gran prestigio. ¿Llegará algún ave que actualice esta crítica y la use para estudiar la idiosincrasia de las modernas redes sociales, donde ciencia y misticismo conviven haciendo equilibrios? ¡Qué conveniente, estudiar a Parménides! El resto del poema lo constituye la explicación de las dos vías del conocimiento, siendo el hombre instruido por la diosa.

Se cuenta que, ante las dudas que le atenazaban para dar con la solución al problema del cambio, Parménides iba a la entrada de los templos y paraba a sus conciudadanos para formularles la pregunta: "¿qué, el ser?". Y que los griegos, ante su persistencia, ponían excusas y se apartaban de él.

-ÉPOCA: S. VI-V A.C.
-LUGAR DE NACIMIENTO: ELEA.
-OBRA DESTACADA (PERDIDA): SOBRE LA NATURALEZA.
-IDEA PRINCIPAL: EL SER ES Y EL NO-SER NO ES.
PARMÉNIDES DE ELEA

CAPÍTULO VI

-"NADA HA CAMBIADO, aunque tú, un monje tan sabio, no lo puedas ver" - finalizó su cuento, con una reverencia solemne, el señor conejo.

Los presentes se echaron a reír. ¡Incluso el gigante de piedra, cuya mirada no dejó de ser sombría ni en aquel momento de distensión! Dudo, desde lo alto de un cedro, se puso a dar saltitos y, tal vez porque la alegría indisimulada de un gorrión es la gran maravilla del universo, comenzó a llover.

-Espero que no te moleste, pero no quiero resfriarme antes de morir -dijo la joven al tiempo que se guarecía bajo la gran panza del gigante de piedra-. Mi familia se pondrá muy triste y no quiero que se preocupen más creyendo que pasé frío.

El gigante de piedra percibió con claridad la poesía que expresó el gesto de Abril. "Esta chica debería estar aterrorizada, pero busca refugio en su asesino. ¿Será porque está loca o es que ve algo en mí que yo no veo?", supuso.

-Tus piernas están calientes; pensaba que estarían frías -la adolescente se abrazaba a su hercúleo enemigo y el señor conejo, viendo la cara de asombro y confusión del padre vengador, tragó saliva, pues no había nada más que pudiese hacer.

-Eres muy valiente... -concedió el gigante de piedra.

-No, solo es que le tengo más miedo a la lluvia que a ti.

Cada vez que Abril daba esas contestaciones, el coloso se estremecía. Él, capaz de plantar cara a un dios furioso, era impotente ante la ternura de una jovencita. ¡Hubiese renunciado con gusto a la eternidad por haber esparcido ya en el claro los sesos de la chica! Sintiendo cómo Abril se apretaba contra su pierna para protegerse del frío, empezó a flaquear. El rictus terrible de su cara se humanizó, se le torcían los labis de la emoción; cantaron los pájaros y las ninfas, que habitaban la arboleda circundante, comenzaron a tocar la flauta y a bailar, pues no conocían otra forma de expresar lo que sentían. Entonces, pues la alegría siempre es pasajera, sonó un potente trueno, el cielo se llenó de luz con el fulgor de los relámpagos y el gigante de piedra, olvidando el olvido, reaccionó con violencia:

-¡Te voy a matar, asesina de mis hijos!

La empujó. No con la fuerza suficiente como para partirle un brazo, pero sí para que cayese a tierra. Y ahí, a sus pies bajo la fuerte lluvia, la joven quedó tendida sin que al cielo pareciese importarle.

-¡Reza lo que sepas! ¡Ha llegado tu hora!

Hablando de horas, el señor conejo cayó en la cuenta de que eran las dos de la tarde. ¡Hubiese dado lo que fuese para que faltasen dos minutos para el anochecer! Pero, ni aún así, la habría salvado. ¡No le quedaban buenas historias con las que entretener al gigante de piedra y rescatar a la chica! Su frustración era tan grande que, no sabiendo qué otra cosa hacer, entró en pánico, se puso a chillar y se revolcó en el barro.

¿Cómo resistir el sentimiento de desesperación? ¿Qué hacer, cuando todo está perdido, cuando ni esperanza hay de que las cosas mejoren porque se ha hecho todo como es debido y, aun así, reina la oscuridad? He ahí que, con el sonido de campanillas que hacen las gotas de lluvia cuando llegan a las hojas, se formó un riachuelo risueño. Creció rápidamente, pues la lluvia era torrencial. Pronto, rodeó a los reunidos en el claro, llenándolo todo de reflejos y sonrisas.

-¡Aparta, riachuelo! ¿Es que no ves que voy a matarla?

La voz tonante del coloso sonó amenazadora pero el riachuelo, que no entendía de matanzas ni de cosas serias, la ignoró.

-¡Aparta, te digo!

Mas no se iba de allí.

-Las aguas traviesas hacemos lo que queremos -dijo el riachuelo risueño-. ¿No lo sabes?

El gigante de piedra estaba desesperado. ¿Cómo iba a ejecutar a su prisionera delante de un pequeño torrente que sonreía?

-¡Qué maravilla! -exclamó el señor conejo-. ¡Cuando no había salvación ha llegado una nueva esperanza! ¡Qué afortunados somos!

Abril, viendo que el coloso se hallaba desconcertado, se atrevió a preguntarle cómo se sentía.

-¿Qué te importa a ti eso, si has matado a mis hijos?

Mas, al percatarse de que la intención de la adolescente no tenía doblez, tuvo un momento lúcido y respondió a su pesar:

-Soy de tierra viva, roca fuerte y sin fisuras, pero sé que no permaneceré hasta el fin de los tiempos. Esto me entristece, pues quisiera saber cómo acaban las cosas, cuál es el final que los dioses han establecido para su plan.

-¿No es justo que hasta la piedra se rinda al paso del tiempo? ¿Por qué tú, y no los demás, mereces estar presente en el final de los días? -inquirió la joven.

-¿Insinúas que, más que tierra, soy aire pasajero? -se quejó amargamente el gigante de piedra-. Puede que tengas razón, mi alma es tan ligera que no consigo alcanzarla. Eso creo, cuando me abandonan las emociones.

-¡O cuando te sometes a ellas!

La voz de Dudo, el gorrión que leía filosofía, llegó a los presentes desde tan alto que, por mucho que se esforzaron, no consiguieron identificar a su dueño. No tenía por costumbre meterse en discusiones ajenas, pero le pudo el sentimiento. El gigante, sobrecogido, tuvo dudas sobre si eran las nubes las que le hablaban.

-¡Entonces soy fuego! ¡Soy ligero como el aire, pero muerdo! -bramó el coloso enfurecido-. La forja del recuerdo de mis hijos templa la hoja de la venganza. ¡Ese es el sentido de lo que me resta de vida!

-El fuego, grande y furioso, se hace pequeño hasta desaparecer cuando ya nada queda -se aventuró a intervenir el señor conejo, quien recuperó la compostura-. ¿Esa es la memoria que deseas para tus hijos? ¿Quieres que sean recordados como un tizón destructor, como un borrón en el libro que escribimos con nuestros actos?

La mirada furiosa del gigante de piedra puso al señor conejo en su sitio. Le recordó, ya tarde para arrepentirse, que un simple conejo poco puede hacer cuando las fuerzas de la naturaleza se desbocan.

-¡Dejad de marearme con las palabras! -se peleó con el mundo-. Soy agua.

¡Agua! ¡Un mar embravecido que ahogará en sangre a esta asesina de mis hijos! ¡Y a vosotros, si os interponéis!

Dicho esto, pataleó. Lo hizo con tanta fuerza que el suelo tembló y el riachuelo risueño, que había tomado afecto a la chica, exclamó:

-¡No la mates todavía, gigante! ¡No la lleves contigo a las aguas del olvido, donde se mezclan las cosas hasta que no se las puede reconocer, pues no habrás vengado a tus hijos!

-¿Qué quieres, entrometido?

El río risueño le propuso contarle una breve historia:

-Tan breve, que ni te darás cuenta de que pasa el tiempo -especificó-. Pero, si tienes un poco de paciencia y pones atención en escucharla, pondrás orden en tus ideas.

El gigante, harto de buscarse en sus propias palabras sin éxito, estuvo de acuerdo:

-Pero si te alargas mucho, la mataré -hizo una pausa-. Luego, al conejo -hizo otra pausa-. Y, para acabar, me beberé tus aguas.

Las palabras feroces se ahogaron en el alegre murmullo del riachuelo risueño, quien comenzó a recitar para regocijo de los presentes:

-"Se dice, se cuenta, se rumorea que, hace mucho, mucho tiempo, iban un profesor de lógica y un panadero por un camino".

Dudo, que aunque había vuelto a las páginas de su libro de filosofía seguía prestándoles atención, sintió la curiosidad de si podría existir relación entre la tierra, el aire, el fuego y el agua, pues le parecían principios opuestos. Por ese motivo, aunque su libro era lo que más le apasionaba en la vida, se quitó las gafas de leer y escuchó atentamente el relato del riachuelo risueño. Las hojas del cedro silbaron, melancólicas.

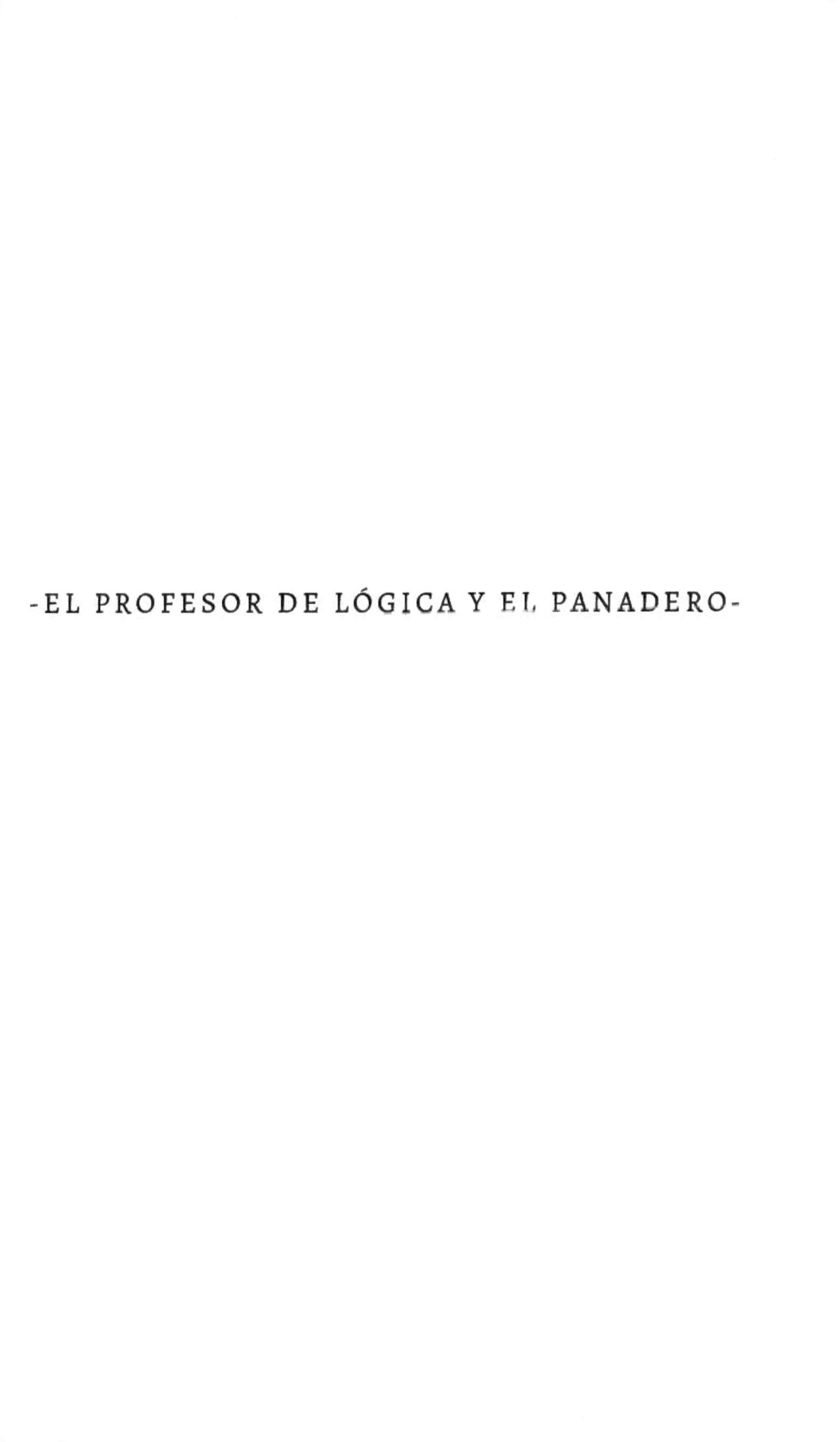

-EL PROFESOR DE LÓGICA Y EL PANADERO-

También las malas experiencias tienen su lugar en el cosmos. O, al menos, en el nuestro particular. Cuesta admitirlo, sí, pero hasta quienes nos quieren mal aportan algo a nuestras vidas.

Es difícil apreciar estas enseñanzas cuando estamos bajo presión, cuando nos sentimos agobiados por una circunstancia que engloba todo aquello que hay de malo en el ser humano. Esto se hace especialmente patente en el caso del profesorado que, en lugar de animar a sus alumnos a adquirir conocimientos, aniquila su voluntad de aprender. El germen de este cuento está basado en una vivencia personal, cuya amargura me ayudó a valorar aún más a los buenos profesores que tanto me apoyaron, pues gracias a ellos encontré mi camino cuando estaba perdido.

Se dice, se cuenta, se rumorea que, hace mucho, mucho tiempo, iban un profesor de lógica y un panadero por un camino. Ambos, viajando desde Valladolid, se dirigían a Valencia, uno para instruir a más alumnos y, el otro, para comprar trigo.

El profesor, hombre frío y racional, muy pagado de sí mismo, viajaba con una pizarra que cargaba en su asno. Aprovechaba cada uno de los altos en el camino para llenarla de silogismos y análisis de oraciones, que luego borraba con diligencia para que no quedase constancia de sus ideas sin pulir. Porque él, tan perfeccionista, solo compartía sus pensamientos académicos después de haberlos trabajado mucho. "Algún día sentaré las claves de un lenguaje universal perfecto", se jactaba.

En cambio, el panadero era un hombre sencillo. Sus padres, ya viejos, le habían enseñado que en la simplicidad había más verdad que en los artificios académicos. Le gustaban las buenas conversaciones, amaba aprender cosas nuevas y, aunque el profesor de lógica estaba siempre abstraído en la pizarra, el panadero intentaba compartir confidencias con él.

-Me gustaría que algún día mis hijos continuasen con el negocio –dijo una de las veces, a resguardo del sol, bajo la sombra de un olivo-. Pero no les gusta madrugar.

Y el panadero, buscando consejo en su compañero, se sentó a su lado. Esperó. Esperó un rato más. Un buen rato más. Pero el profesor de lógica no le hacía caso. Seguía emborronando la pizarra con sus silogismos. ¡Tapándose los oídos para no desconcentrarse! "A ver si este zoquete se da cuenta y deja de molestar", decía para sus adentros poniendo cara de estar muy concentrado en lo suyo.

Sin embargo, aunque captaba el teatrillo de su compañero, el panadero no se ofendía. Sentía curiosidad por la actitud del profesor, encerrado en esas absurdas teorías, extraño a lo que alguien como él le pudiese aportar.

Aquella mañana, faltando pocas jornadas para llegar a Valencia, el panadero propuso hacer un alto para deleitarse con el paisaje. El día lucía espléndido, el sol bendecía los campos y los pajarillos revoloteaban entre los olivos. ¿Qué más se podía pedir? Pero el profesor de lógica era ajeno a esa belleza.

-¿Aún mira eso? -observó dándose aires de sabio-. Haría mejor en estudiar los principios de la lógica.

El panadero, quien esbozó una sonrisa, siguió con la vista puesta en el horizonte.

-¿Va a estar mucho tiempo ahí parado? –preguntó, aburrido, el académico.

El panadero miró a su compañero con sorpresa. ¡No entendía cómo podía ser indiferente a la maravilla de la naturaleza que se mostraba a sus ojos!

-¡Llegaremos tarde a Valencia!

-Pero la belleza de la tierra mediterránea nos hace felices –contestó el panadero-. ¿Por qué no disfrutarla un rato más?

-¡Paparruchas! La felicidad es una invención absurda, propia de mentes simples. ¡No se puede medir con escuadra y cartabón! –replicó el profesor de lógica-. No tiene sentido. ¡Es cosa de bobos! ¡No se cuantifica! ¡No existe!

El panadero, quien no daba crédito a que un hombre tan culto no fuese capaz de entender algo tan claro a la vista, evitó discutir y ambos continuaron el camino.

El resto de la jornada transcurrió sin incidencias. Luego, encontraron cobijo bajo un gran roble para pasar la noche y, antes de echarse a dormir, hicieron una fogata.

Siguieron con esa rutina de viaje durante casi una semana, pues así descansaban las monturas y la espalda sufría menos. El polvo del camino se iba amontonando tras ellos, el viaje transcurrió sin incidentes.

A pocos días de llegar a Valencia cruzaron el río Turia. La alegre vista de las aguas rumorosas contrastaba con los senderos áridos que venían recorriendo desde su partida. ¡Eran tan cristalinas que podía verse el fondo pedregoso! Un pequeño universo de renacuajos, peces y algún martín pescador poblaba el río que, en sus meandros, rebosaba vida.

-¿Alguna vez ha matado el tiempo mirándose en el reflejo del agua?

El panadero formuló la pregunta sonriendo como un niño sorprendido jugando. Solo la transparencia del río podía competir en claridad con el brillo de sus ojos, tal era la nobleza de sus intenciones. Sin embargo, la respuesta del profesor le hizo sentir la presencia de un agujero en el estómago:

-Yo no pierdo el tiempo en esas simplezas.

La falta de empatía de su compañero era un enigma para el panadero. No comprendía que todo un profesor de universidad en tierra de castillos fuese incapaz de percibir la importancia de escudriñar la propia faz en el espejo irisado de la orilla del río. Le parecía que en las arrugas del propio rostro se encontraban las respuestas de los misterios que guarda el hombre: la relación consigo mismo como puente a la que comparte con sus semejantes.

-Yo no pierdo el tiempo en esas cosas –repitió sin emoción el profesor de lógica, como si fuese una de esas tontas frases con las que emborronaba la pizarra.

Reanudaron el camino y, al caer el sol, encontraron refugio en una cueva. Allí, se guarecieron del relente de la noche encendiendo una hoguera.

-¿Cuántos, antes que nosotros, habrán pasado las horas nocturnas mirando una fogata? –reflexionó el panadero.

-Gente ociosa y poco instruida –sentenció el profesor de lógica-. El fuego es una reacción química basada en el oxígeno. Para precisar, el fuego de leña es ineficiente, no alcanza temperaturas altas como el de tipo gaseoso.

Las palabras del académico cayeron como un jarro de agua fría sobre su compañero. Se hizo un muro de silencio entre los dos, llegados a ese punto parecían pertenecer a mundos distintos. No obstante, el panadero masculló algo entre dientes:

-Pero hace pensar...

-A los débiles de mente –sentenció el profesor para zanjar la disputa.

El panadero se negó a seguir discutiendo. Su compañero no parecía atender a más razones que aquellas susceptibles de ser perfectamente cuantificadas con instrumentos de precisión. Se echaron a dormir y, amparados por el oscuro manto, sus ronquidos se elevaron hasta las estrellas.

Al día siguiente, ya cerca de Valencia, fueron sorprendidos por un agradable vientecillo que les acompañó hasta las puertas de la ciudad.

-¡Qué suerte hemos tenido! –agradeció el panadero-. ¡Con este aire compasivo el camino se hace ligero!

-¡Bah, tonterías! –repuso el profesor-. ¡El aire no tiene emociones! ¡Es usted lerdo!

Allí mismo se separaron sus caminos. Y ninguno volvió a saber del otro hasta veinte años después cuando, leyendo el boletín del ayuntamiento mientras paseaba con su esposa, el panadero, a quien le había sonreído la vida desde entonces, supo de la muerte del que había sido su compañero de viaje.

-¿Conocías a ese hombre? –le preguntó su mujer, acostumbrada a verle siempre alegre.

-Sí, mi amor -respondió con aire taciturno.

-¿Y quién era?

-Un pobre hombrecillo, incapaz de conmoverse ante la belleza de la Creación –respondió el panadero con tristeza-. Un espíritu infeliz, ignorante de las maravillas que atesoran la tierra, el agua, el fuego y el aire.

El conocimiento académico es como los besos, cuya sutileza solo se aprecia cuando se piensan con el corazón.

Decía Mozart que el genio era "amor", pues para crear primero hay que entender y la comprensión de las cosas, indefectiblemente, llega solo para quien admira su existencia. Por eso, el profesor de este cuento no deja de ser un pobre hombrecillo, una ola que muere en la orilla ignorante de las maravillas oceánicas de las que pretendía escapar.

Dudo sacudió su pequeño cuerpo con energía. ¡Se le habían erizado hasta las plumas de la cabeza! El cuento que acababa de narrar el señor conejo parecía hablar de él, tan apegado a su libro de filosofía que perdía de perspectiva las verdades a las que las páginas se referían. Era como mirarse en un espejo y ver todos los defectos del pájaro que quería ser. "¿Dónde, entonces, estarán las virtudes?", se preguntó. Un pálpito le decía que, para hallarlas, haría bien prestando primero atención a la madera incorruptible del majestuoso cedro en el que se cobijaba.

Las agujas cortas que poblaban la rama del cedro creaban un microclima particular: permitían que se filtrasen los rayos de sol y, también, le mantenían fresquito. Podía, si el tiempo lo propiciaba, disfrutar de una fina lluvia enamoradiza y, desde ese lugar insospechadamente confortable, observar las acciones de los seres anclados a la tierra.

Cayó en la cuenta de que las horas seguían pasando en el claro del bosque, alargándose las sombras al franquear el mediodía. Desde su atalaya en el cedro, Dudo sabía lo afortunado que era con esa nueva oportunidad de conocerse a sí mismo. Había, también, un poso de amargura, pues avanzar en ese autoconocimiento estaba siendo una cita a ciegas con sus propias miserias. De ese modo, el gorrión que leía filosofía tomó contacto con las ideas del más conocido pensador de Agrigento: Empédocles.

EMPÉDOCLES DE AGRIGENTO

FILOSOFÍA PARA AVES, pág. 111.

EMPÉDOCLES DE AGRIGENTO [492 a.C.-432 a.C.]

El filósofo Empédocles, natural de la ciudad de Agrigento, nació sobre el año 492 a.C. y falleció en los alrededores de 432 a.C. Sus teorías, como era habitual entre los filósofos presocráticos, tenían sus bases en el estudio de la dicotomía entre el Ser y el No-ser, incorporándolas luego a una doctrina más amplia. Debió de ser un tiempo apasionante... ¡reflexionó desde una óptica tanto racional como mística! Aunque este modo de pensar pueda parecerte primitivo a tenor del conocimiento científico actual, fue clave en los grandes avances de la humanidad que tuvieron lugar en la Grecia antigua.

Todas las aves deben saber que el eje central del pensamiento de Empédocles trataba de un ente divino llamado "Sphairos" (una esfera), en el que todo lo existente estaba mezclado de forma armónica. Tomó de Parménides la idea de que nada puede provenir de la nada y aportó que, fuera de dicho *Sphairos*, no hay materia. Ambos parecen proponer cosas muy similares, ¿verdad? Lo que diferencia a los dos pensadores es que Empédocles afirma la posibilidad de la existencia del cambio, que se da a través del movimiento. Para ello, se apoya en la presencia de cuatro elementos que se mezclan, atrayéndose y apartándose, en función del Amor y de la Discordia: el agua, el aire, el fuego y la tierra, respectivamente. ¿Verdad que es una hermosa idea?

Para el pensador de Agrigento, la realidad forma parte de un ciclo cósmico que consta de cuatro fases. Al principio, el Amor lo gobierna todo, manteniendo los elementos dentro de la mezcla perfecta, el *Sphairos*, lo que (para que las aves lo entendamos mejor) podemos asimilar con el concepto "Dios". En una segunda fase, la Discordia entra en *Sphairos* y se dispone a separar los elementos. Así, en la tercera fase, Discordia ha conseguido alejarlos de forma absoluta. Finalmente, para cerrar el ciclo, el Amor volverá a unir los elementos. De esta forma, cíclicamente. ¿Qué te parece?

La gran dificultad que tenemos para estudiar la figura de Empédocles es que gran parte de los escritos que se le han atribuido son falsos o se han perdido. ¡Desde tragedias que se quemaron hasta trabajos de medicina de los que no queda constancia! En realidad, solo se conocen dos obras de Empédocles inequívocamente suyas: los poemas "Sobre la naturaleza de los seres" y "Las purificaciones". El primero es un texto en el que analiza el mundo natural desde una perspectiva racionalista; el segundo, un escrito religioso, revela la necesidad de hallar un camino para el alma que, tras ser expulsada de su morada divina, debe purificarse para regresar al lugar del que procede. Son solo dos textos, insuficientes para englobar la totalidad de su pensamiento, pero un indicio adecuado para entender cómo en los filósofos presocráticos convivía la argumentación racional con el misticismo.

En esos poemas, Empédocles usa el tipo de verso de la épica, el hexámetro dactílico. Esto era muy adecuado para las numerosas repeticiones que usaba con intención didáctica y, también, para introducir comparaciones. Muestra de ello es su sentencia:

"Es bueno repetir, incluso dos veces, lo que es necesario".

El filósofo provenía de una familia noble, lo que facilitó su toma de contacto con los estudios. Para tu información, su abuelo, del mismo nombre, fue un prestigioso criador. ¡Ganó la carrera de caballos en unos Juegos Olímpicos!

La niñez de Empédocles no pudo tener mejor hogar que Agrigento para formar al hombre en quien se convirtió. El tirano local, Terón, era amante de las artes y de la religión, por lo que la expansión de la ciudad animó al joven pensador con los mejores estímulos. Recuerda que la "tiranía", en la antigua Grecia, no tenía nada que ver con el uso peyorativo que hoy damos a esa palabra. Era una forma de gobierno aceptada por los ciudadanos, siendo algunos tiranos muy queridos por las masas populares.

¡Pero las cosas cambiaron de golpe! El panorama se oscureció con la muerte del tirano Terón y la ascensión al poder de su hijo, Trasideo, cuyas motivaciones no tenían nada que ver con las de su antecesor. De hecho, ¡el padre de Empédocles participó activamente en su derrocamiento!

Empédocles fue una persona con muchos intereses. Dos de los talentos desarrollados por el filósofo fueron la poesía y la medicina. Como médico consiguió una fama desmedida, llegando a ser objeto de leyenda de curaciones increíbles... ¡y hasta de la resurrección de una mujer que llevaba muerta un mes!, aunque los estudiosos sugieren que esta imagen de Empédocles tuvo origen en los poemas y en los discursos que el propio pensador compuso. ¡Cosas de humanos!

El momento álgido de Empédocles ejerciendo sus derechos como ciudadano se produjo inmediatamente después de la breve tiranía de Trasideo. Llegó la democracia y el filósofo se alineó sin fisuras con esta forma de gobierno. Su figura creció al oponerse con éxito a una organización oligárquica llamada "Asamblea de los Mil", cuyo objetivo era volver a los tiempos de la tiranía de Terón. Tal fue el predicamento de Empédocles entre las gentes de Agrigento, que le ofrecieron diversos cargos políticos para que liderase a los ciudadanos libres, pero el filósofo los rehusó todos para dar ejemplo de desapego al poder e hizo llamamientos a la unidad de los partidos políticos. ¡Honrado y comprometido! Esa forma de ser acrecentó su popularidad... y el odio de sus rivales políticos, quienes veían con antipatía sus ideales democráticos extremos. Así, aprovechándose de una salida del pensador de la ciudad, le impidieron regresar.

Sobre su fallecimiento tenemos leyendas y una fuente fiable. La historia más socorrida cuenta que, tras celebrar un sacrificio a los dioses en el campo, todos los congregados se marcharon, excepto él. Entonces, desapareció y un sirviente dijo haber escuchado una voz que le llamaba acompañada de una luz celestial. Así, su discípulo, Pausanias, determinó que desde entonces Empédocles ocupaba un lugar entre los dioses, por lo que debía ser alabado. Bonito relato, ¿verdad? Otra leyenda romántica afirma que se arrojó al monte Etna buscando la unión con los elementos, pero es una historia que ha tenido menos recorrido por ser poco creíble. En cuanto a la fuente fiable, el pensador Timeo aseguró que Empédocles murió en el Peloponeso tras su exilio.

CAPÍTULO VII

-"Un espíritu infeliz, ignorante de las maravillas que atesoran la tierra, el agua, el fuego y el aire".

Al acabar su relato, el riachuelo risueño disfrutó de la aprobación de todos. ¡Hasta de la del gigante de piedra! El coloso, quien además de ser capaz de pelear con fiereza era muy sensible, señaló a la chica:

-¡Pero no perdonaré a esta asesina!

-¿Por qué? -suplicó el señor conejo, quien se había resguardado de la lluvia bajo una melia-. ¡Sabes que deberías hacerlo!

-Tal vez... -concedió el gigante de piedra-. Pero no puedo...

El señor conejo encontró, por primera vez, una grieta en la sed de sangre del padre vengador. Era consciente de que no bastaría para salvar a la joven pero, con suerte y buenos argumentos, tendrían una oportunidad. El tiempo transcurría despacio, mas había pasado media mañana y la noche se iba acercando.

-Gigante, ¿estás satisfecho con tu vida?

La pregunta, por inesperada, hizo que la frente de su destinatario se arrugara.

-Gigante, ¿eres feliz? -insistió, envalentonado, el señor conejo.

El coloso titubeó. En momentos como aquel su enorme fuerza no valía para nada y, aunque hubiese podido partir el espinazo del señor conejo con una sola mano, las palabras llegaban a su alma limpias como una mañana de primavera. Hirientes, como la furia de mil soles.

-¿Cómo es posible que tú, siendo tan poderoso, no seas feliz? ¡Tienes todo lo que deseas! ¡No te lo puede discutir nadie!

-¿Quién puede decir "soy feliz"? -se defendió el gigante de piedra, asiéndose a la melia como el anciano que se sujeta al bastón, pues flaquearon sus rodillas-. Tenerlo todo o no tener nada son dos caras de la misma moneda. Hay una línea... ¿Cómo explicarlo? Un horizonte al que llegas cuando consigues tus deseos pero, después, cada avance es un retroceso. ¿Qué te queda por conseguir, si ya lo tienes todo? ¿Dónde poner a salvo las ilusiones si carecen de sentido?

La adolescente, que tenía muy desarrollado el gusto por la opinión, se sentó a la sombra proyectada por la melia y se incorporó a la discusión:

-¡Qué pena, no poder retener los sueños! ¡Cómo te compadezco! -se dirigió al gigante de piedra-. Pero yo aprecio los sueños que, en mi fantasía, se enredan en las nubes, donde están a mi vista y no los puedo dañar. Así, como no los pierdo, no pasa nada.

En esas reflexiones se encontraban cuando el coloso volvió a poner sus ojos en la joven. El señor conejo, para evitar que este la hiciese puré, continuó:

-Pero no eres feliz...

Algo importante debió de quebrarse en el interior del coloso, pues no dijo nada y dejó la vista perdida entre la espesa arboleda circundante. Entonces, el señor conejo, satisfecho porque alargando la charla pasaba más tiempo, les preguntó cómo podrían ser felices:

-Nunca me lo he preguntado -admitió la chica, subida a una piedra-. Supongo que sería feliz si esperasen menos de mí -hizo una pausa; una lágrima asomó al balcón de sus ojos-. ¿Por qué no soy como los demás?

-Cuando seas adulta verás las cosas de otro modo -respondió el señor conejo-. Con la madurez, las emociones se atemperan. Te importará menos lo que otros piensen de ti.

"Eso, si nuestro amigo el coloso se apiada de nosotros", se guardó de matizar. Sin embargo, su carácter optimista le libró de la desesperación: "Al menos moriré elegante. ¡Qué bien me queda el chaleco!". De haber seguido así el diálogo entre ellos, la joven le habría dicho: "Lo que me preocupa es lo que yo misma pienso de mí". Pero quiso el azar que la conversación tomase un rumbo menos dramático.

-No quiero madurar -se opuso tiernamente Abril-. No quiero dar problemas ni sufrir. Con el tiempo, el corazón se endurece. ¡Ojalá volviese a mi niñez!

El gigante de piedra la observó con displicencia. Para él, antiguo como todos los que quedaban de su especie, la joven de dieciséis años era una niña. ¡Una desagradable niña que había matado a sus hijos!

-Es un riesgo que está ahí, sí -concedió el señor conejo-. La adolescencia es como una casa rodeada de espinos. Da miedo abandonarla pero, tras la cancela, aguardan las cosas buenas de la vida.

-¿Seguro?

Abril formuló la pregunta como si, al hacerlo, sus pies se hundiesen en un terreno brumoso; su salvador, consciente de las dudas de la jovencita, construyó con palabras un faro cuya luz disipó la niebla.

-He ahí que verás a tus padres, a tus antepasados y a los que vivieron antes que ellos. A tus amigos, a los que te han hecho bien y a los que te han dañado. Verás a tus maestros y a los autores de los libros que has estudiado. A los músicos. A los ajedrecistas. A los pintores...

-¿Como si me hubiese muerto?

-Sí, Abril, como si te hubieses muerto, pues una parte de ti jamás regresará. Pero tendrás vivencias únicas... ¡y verás maravillas que ahora no puedes ni imaginar!

El gigante de piedra se impacientó, la mañana había pasado. ¡La tarde se aproximaba!

-¡Basta de tonterías! -bramó-. ¡Nadie sabe lo que hay que hacer para ser feliz! ¡Dices mentiras! Y ella... Ella... ¡Con su carita de buena no deja de ser una asesina!

Esas palabras feroces sembraron el silencio en el claro. El coloso extendió su brazo pétreo, señaló a la joven:

-¡Te voy a aplastar la cabeza!

Entonces, el señor conejo reaccionó enmudeciendo al propio gigante de piedra:

-¡Vamos a no gritar! -exclamó a gritos. A continuación, fue bajando la voz hasta recuperar el tono habitual-. ¡Hasta los peores criminales tienen derecho a un juicio justo! Haz lo correcto, poderoso gigante, escucha nuestros argumentos.

-¡Te equivocas al defenderla! ¡Has agotado mi paciencia!

El señor conejo no ignoró la advertencia velada.

-Si la razón te asiste, ¿qué más da que abuse un poco más de tu generosa paciencia? -arguyó el campeón de Abril con zalamería-. Y, ya que hablábamos de ello, os contaré una historia sobre cómo encontrar la verdadera felicidad.

-¡Absurdo! -rechazó el coloso-. ¿Cómo encontrarla, si no hay carteles que indiquen dónde está?

-Esas indicaciones existen, poderoso gigante -el señor conejo, para variar, le llevaba la contraria.

-¿Ah, sí? Pues dime, ¿dónde están? ¡Yo no las veo!

-Es que no las verás por mucho que mires -respondió-. Hay que sentirlas.

-¿Sentirlas? ¡No dices más que sandeces!

-Corriendo despacio -le aconsejó el señor conejo-. Solo así dejarás atrás los prejuicios y estarás preparado para alcanzar la sabiduría.

-¿Y qué más? -quiso saber el gigante de piedra.

-Has de estar atento al más mínimo detalle y relajarte, pues en el dominio de uno mismo se ejercita el arte de entender a los demás.

-¡Pero si son cosas distintas!

La queja del coloso manó de sus entrañas, como un líquido putrefacto cuyo hedor contaminase la arboleda más cercana al claro. La melia, mil flores blancas abiertas, se cerró imperceptiblemente.

-¡Oh, poderoso gigante!, dejando tu estado actual de lado recuperarás tu ser.

Las palabras del señor conejo cruzaron el bosque. Lo hicieron de manera que podrían haber sido confundidas con la respiración del gigante de piedra. Una mariposa se posó en la más humilde de las flores. Agitó las alas. Libó de su corola.

-¿Puedo, oh, poderoso gigante, contarte una historia que te haga recapacitar?

-Adelante, conejo -concedió el gigante de piedra-. Pero que sea rápida, pues ya nos estamos entreteniendo demasiado y las aguas siguen subiendo.

-"Había una vez un joven llamado Mario" -comenzó a narrar el señor conejo mientras, los pies mojados en el agua del riachuelo risueño, Abril parecía ajena al destino cruel que se cernía sobre ella.

El gorrión que leía filosofía, observando la escena desde su rama en la melia, no perdía detalle, por mucho que siguiese lloviendo. A Dudo le parecía que las buenas historias encerraban pequeñas porciones de sabiduría que, si bien no eran siempre verdaderas, eran la forma más pura de acercarse al conocimiento. Por eso, volvió a ajustarse las gafas y se concentró en escuchar las palabras del señor conejo.

-EL TRABAJADOR ESFORZADO-

La idea de escribir este cuento me vino a la mente gracias a un anuncio de televisión. Se trataba de una escuela de negocios que vendía su programa de estudios como si fuera garantía de éxito. Pensé en la paradoja de esos chicos que, habiendo hecho todo lo que se les ha exigido, descubren de pronto que esfuerzo y recompensa no siempre van de la mano.

Había una vez un joven llamado Mario. Desde niño se había esforzado en ser el mejor en la escuela y, cuando pasó las pruebas de selección de una importante empresa del sector de las telecomunicaciones, no pudo evitar echar la vista atrás y sentirse orgulloso de los pasos que había dado en la vida. Le aguardaban un buen sueldo y la oportunidad de seguir ascendiendo. ¡Quién sabe hasta dónde podría llegar! ¡Era joven y tenía ganas de comerse el mundo!

Esto fue así desde su primer día en la empresa. Tenía la certeza de encontrarse en el lugar adecuado. Las salas de ordenadores, los trabajadores trajeados, las secretarias con tacones kilométricos... configuraban un espacio en el que no parecía haber límites para sus aspiraciones personales.

El sacrificio de todos los años de estudio en la universidad cristalizaba en un futuro espléndido. Para él, que se lo merecía. Para él, que se lo había ganado mientras otros dilapidaban sus oportunidades.

Odiaba que llegase la hora de recoger. Nada más atardecer, algunos compañeros ya se iban. Mario vibraba con el trabajo. Se quedaba hasta la noche, si era preciso. Tampoco es que importase mucho, pues no eran asuntos que se solventasen en horas ni en semanas. Pero quería darlo todo, que sus jefes se percatasen de sus muchas cualidades y que ello le sirviese para promocionar.

No podía dormir. O no sabía. O… lo que fuese, mas llegaba tan cansado a casa que era incapaz de conciliar el sueño. Pero, aun así, rendía en el trabajo. Otros, que no sabían lo que hacían, dormían tan bien como mal trabajaban. Aunque, por el momento, sus jefes no se molestaron en darle una palmada en la espalda. "Seguro que saben lo mucho que me esfuerzo", se decía plenamente convencido.

Pasaron varios meses. Seis, para ser exactos. Su trabajo no menguaba; el sueldo seguía siendo el mismo. El joven veía que a otros compañeros les promocionaban, lo que no acababa de entender. ¡Eran manifiestamente incompetentes! ¡Y él siempre sacaba adelante las tareas! ¿Cómo es que el jefe no reparaba en su presencia en el departamento? "Me está reservando un puesto mejor", se decía. "Pronto, el supervisor de zona me llamará a su despacho y me subirá de rango".

Los problemas de insomnio se agravaron con un dolor de espalda que, aunque de manera incipiente se limitaba a ligeras molestias, pronto se convirtió en un tormento para sus cervicales. Y, con los pinchazos, llegaron los mareos.

En la oficina siguió transcurriendo el tiempo, mas allí nunca pasaba nada. Llevaba dos años acumulando frustraciones en la empresa y no había manera de promocionar. Se le caía el mundo encima cada vez que veía cómo compañeros mucho menos preparados eran ascendidos. Su sueldo, el mismo con el que entró, quedó desfasado en relación con su experiencia laboral.

Una tarde, quemado por la situación, pidió cita con el supervisor de zona. Aquel hombre lo tenía fácil para acabar con su estancamiento en la empresa, tan solo debía mostrarle la calidad de su tiempo y lo mucho que iban a ganar dándole mayor responsabilidad.

Y así fue, la empresa salió muy beneficiada: le dieron mayor responsabilidad, pero le mantuvieron con la misma categoría y con el mismo sueldo.

-Sigue esforzándote –le dijo el supervisor-. Tu oportunidad aún no ha llegado, pero ten por seguro que lo hará. Yo te ayudaré.

-¡Gracias! –se sinceró el joven-. Tengo la ilusión de encargarme de grandes proyectos, de ser un empleado muy valioso para esta compañía.

No obstante, pasaron diez años sin que nada cambiase. Si acaso, su salud empeoró. El estrés continuo y la mala alimentación asociada a los horarios poco ortodoxos que llevaba le pasaron factura. Rendía en la oficina, pero esa vida no era sana.

Fue una tarde, al anunciar el supervisor los esperados nuevos ascensos de categoría, cuando Mario se rindió a la evidencia: en esa empresa nunca se cumplirían sus sueños. Su jefe le ignoraba. "¡Cuánto más me esfuerzo menos consigo!", se lamentaba. Antes de irse pidió hablar con el supervisor una vez más. Con la cabeza alta y el mentón firme.

-Siento mucho su decisión. Ha demostrado usted ser un buen trabajador.

Mario se llevó una sorpresa mayúscula. ¡Pensaba que aquel hombre no le conocía!

-¡Claro que me acuerdo de usted! Recuerdo perfectamente aquella vez que vino a verme, hará diez años, pidiendo un ascenso.

-¿Por qué no me lo dio? –quiso saber Mario antes de estrecharle definitivamente la mano y no volver a aparecer por allí.

El supervisor, que fácilmente podía haberse inventado una excusa amable, miró al hombre a los ojos. Se sinceró.

-Porque era usted demasiado bueno y temí que me quitase el puesto.

Mario, impactado por la confesión del que había sido su jefe tantos años, apretó los puños. Tomó aire. Lo soltó. No peleó.

Cuarenta años después, rodeado de sus nietos en una casita a las afueras de la ciudad, el abuelo Mario se tapaba las rodillas con una mantita. Había recuperado la salud, se había casado con la mujer de su vida y, a diferencia del hombre que truncó su carrera profesional, podía echar la vista atrás y sonreír.

Las paradojas son una dura forma de conocer la realidad. Entre las distintas maneras de aproximarse al conocimiento la paradoja es, por su complejidad, enri-quecedora. Requiere de madurez y objetividad, pues ponerse en los dos polos de una cuestión es algo a lo que no estamos acostumbrados. A cambio, ofrece una perspec-tiva completa del problema.

Le gustaba, a Dudo, ver llover guarecido bajo las hojas de la melia. Para el gorrión que leía filosofía no podía haber mejor sensación que sentirse cubierto por el suave manto de flores blancas. Era, en su imaginario, la máxima aspiración a la pureza.

Ni siquiera la bajada de temperatura que acompañó a la lluvia le distrajo el pensamiento a otro lugar. Se podía permitir ser el gorrión que anhelaba, sin miedo a ser juzgado por las aves, pues los pétalos se volvían transparentes al humedecerse. ¡Qué feliz se sentía!

¡Y qué solo!, pues no había nadie en el bosque que le acompañase. La melia era su particular cosmos de los sueños y, también, su prisión. Grande. Enorme y rica en detalles. Pero hermética.

Abrió el libro de filosofía por la página 137, encabezada por una bonita ilustración que representaba a Zenón de Elea. Lo hizo a sabiendas de que le había llegado el momento de estudiar la paradoja como método de conocimiento. La labor que le quedaba por delante habría sido desalentadora para un gorrión menos ambicioso, pero Dudo no era de los que se echaban atrás cuando había dificultades.

ZENÓN DE ELEA

FILOSOFÍA PARA AVES, pág. 137.

ZENÓN DE ELEA [490 a.C.-430 a.C.]

Para que no se engañen las aves: los datos biográficos sobre Zenón de Elea son escasos y poco fiables, habiendo cierto acuerdo en ubicar su figura entre los años 490 a.C. y 430 a.C.

Por lo que respecta a su formación, se cree que primero formó parte de una comunidad de pitagóricos y que, después, fue discípulo de Parménides. Como su maestro, defendió vigorosamente la unidad e inmutabilidad del ser.

En cuanto a su vida política, sabemos que se dedicó a enseñar la virtud y que participó en la conjura contra un tirano (Nearco o Diomedonte). Este hecho suele protagonizar las biografías que se han escrito sobre Zenón, pues las historias que nos han llegado sobre su valor son sobrecogedoras.

Entre los relatos más relevantes figura el que, ante el fracaso de la conjura, presenta al filósofo como un preso aguerrido. Dice Diógenes Laercio, como muestra de su entereza ante la tortura, que fue obligado a delatar a sus compañeros de armas. Y que el pensador, para mostrar al tirano como un hombrecillo abandonado, dio el nombre... de todos los amigos del propio tirano. Esta misma historia se complementa con dos variantes: en una se cuenta que engañó al tirano con el pretexto de decirle algo importante al oído, mordiéndole la oreja con tal fiereza que solo soltó su presa al ser ensartado a lanzadas; en la otra variación, arranca la nariz del tirano de un bocado. Según otras fuentes, al ser interrogado por el tirano sobre si había otro culpable por la rebelión, Zenón le increpó: "¡Tú, oh destrucción de la ciudad!". Y, yendo mas lejos, otro historiador recoge que dijo a los presentes en su interrogatorio: "Estoy admirado de vuestra cobardía, pues por miedo de lo que yo padezco sois esclavos de un tirano". A esta declaración solemne le siguió, según la tradición, que Zenón se cortó la propia lengua con los dientes y que se la escupió al tirano. Los presentes, también según la tradición, sintieron furor justiciero y asesinaron al tirano a pedradas. No obstante, otra fuente recoge que, cansado de oír a Zenón, el tirano dio orden de que el filósofo fuese metido en un mortero, donde fue, literalmente, machacado. ¿Tú qué opinas? ¿Crees que Zenón fue un héroe rebelde o estos relatos te parecen exageraciones?

De lo que sí tenemos noticias por fuentes fiables es de su pensamiento, especialmente por referencias de Platón y de Aristóteles. Por desgracia, las obras de Zenón se perdieron. Según Platón, ya de joven había escrito para defender las ideas de Parménides, llevando documentación a Atenas en la visita que hizo con su maestro. Sin embargo, allí dichos textos fueron robados y publicados sin su consentimiento.

Pero has de conocer que, en general, podemos estudiar bien su actividad dialéctica. En este sentido, llama la atención su crítica a los pitagóricos, seguramente desengañado tras haber formado parte de dicha escuela. Para ejercer estas críticas hizo valer su capacidad para reflexionar usando paradojas, formas de exposición en las que el filósofo analiza con la misma fuerza los lados opuestos de una misma cuestión.

El funcionamiento de este recurso dialéctico, por el que se hizo célebre Zenón, es el de la reducción al absurdo: parte de la tesis que quiere criticar y conduce la argumentación a contradicciones que, de hecho, ponen de manifiesto la invalidez de la tesis original.

Una de sus famosas paradojas contra la pluralidad, en defensa del inmovilismo que propugnaba la escuela eleática, reza:

"Si existe una pluralidad, es necesario que las cosas sean tantas (en número) cuantas son y no más ni menos. Y si son tantas cuantas son, deben ser ilimitadas. Si existe una pluralidad, las cosas existentes son infinitas; pues siempre hay otra cosa entre ellas, y otras, a su vez, entre estas otras. Y así, los seres existentes son infinitos".

¿Te imaginas el fuerte dolor de cabeza que debió causar a los griegos que Zenón y un pitagórico se enzarzasen en una discusión a pie de ágora? ¡Para darles de comer aparte!

Entre sus paradojas sobre el movimiento, suele citarse especialmente la de "Aquiles y la tortuga", donde el veloz griego no puede adelantar al animal. Este dilema se basa en que Aquiles, para alcanzarla, debería primero pasar por la mitad de ese recorrido. Y, para recorrer esa distancia, antes debería llegar a la mitad de la misma. Y así, sucesivamente, en infinitas particiones de mitades de recorridos.

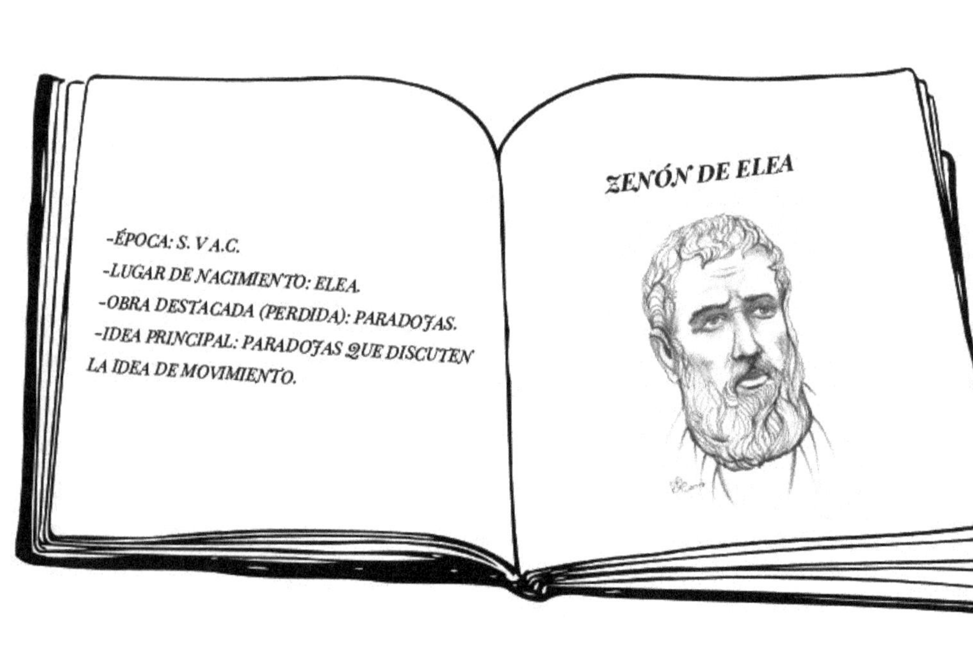

-ÉPOCA: S. V A.C.
-LUGAR DE NACIMIENTO: ELEA.
-OBRA DESTACADA (PERDIDA): PARADOJAS.
-IDEA PRINCIPAL: PARADOJAS QUE DISCUTEN LA IDEA DE MOVIMIENTO.
ZENÓN DE ELEA

CAPÍTULO VIII

-"HABÍA RECUPERADO LA SALUD, se había casado con la mujer de su vida y, a diferencia del hombre que truncó su carrera profesional, podía echar la vista atrás y sonreír", acabó su relato el señor conejo.

A su vez, la voz del riachuelo distraído era un murmullo que había ido creciendo en intensidad. Tanto, que Abril se vio a los remos de una barca que remontaba el torrente de emociones llevada por la corriente, mas bogando sin esfuerzo. La adolescente, absorta en su candidez, no temía ahogarse: con aire distraído se miraba en las aguas, peinándose con las manos los tirabuzones que caían sobre sus hombros en cascada; el gigante de piedra, en cambio, escrutó el juicio de los dioses en aquellas aguas cristalinas. Buscaba la justificación de su ira, pero no hallaba respuesta. Sabía que obraba mal, que no había ética en el mundo que amparase el horrible crimen que iba a cometer.

-Es más fácil decir palabras feroces que llevarlas a cabo, ¿verdad? -se apremió a decir el señor conejo, muy hábil detectando los cambios de humor, agarrado a la agrietada corteza de un almendro.

-Cállate...

El coloso se sacudió el comentario con desdén, estaba dolido. De buena gana se habría hincado de rodillas en el suelo para confesar su insignificancia. Todo el polvo que levantaba cuando agitaba los puños furioso era, en ese momento, impostura.

-No te enfades, gigante, pero me consuela ver que tenemos algo en común -insistió el señor conejo-. ¡Qué fortuna, la mía!

El gigante de piedra enarcó una ceja hasta límites insospechados y clavó la mirada en su valiente interlocutor.

-No importa que seas una mole en comparación conmigo -le dijo-. Da igual. Tú y yo sabemos, ahora, lo que de verdad importa.

Podrían haber pasado mil años, que el gigante de piedra no habría mudado el gesto; su alma escindida soportaba la fractura a duras penas.

-Lo que de verdad importa es que ha matado a mis hijos -respondió sin poner énfasis en sus palabras.

El señor conejo hubiese querido seguir discutiendo, pero sintió como propia la pena que embargaba al padre vengador. Por un lado, tenía la esperanza de que pasase el tiempo y la noche lo petrificase; por otro, viendo al coloso abatido, se preguntó si él mismo estaba tomando partido por el bando bueno. Entonces, apartó ese pensamiento y buscó la voz sabia del riachuelo risueño. No la encontró.

-Ya no está -se adelantó la joven, sentada en un tronco caído.

El gigante de piedra, el señor conejo, el gorrión que leía filosofía y la misma Abril guardaron silencio. Estuvieron así largo rato, secándose y viendo las sombras crecer hasta que, dejando escapar un suspiro, la jovencita volvió a hablar:

-¡Qué difícil es gustar a todos! ¡Que te echen a faltar cuando ya no estés!

El coloso la miró de soslayo, pues presumía que la chica no iba a tardar mucho en implorar por su vida. Todos lo hacían, llegado el momento. En cambio, al señor conejo se le erizaron los pelos del cogote, pues intuyó la presencia de sombras tenebrosas en el corazón de la adolescente.

-Nuestras pequeñas cosas, nuestras miserias, a menudo nos parecen lo más importante del mundo -dijo el defensor de la joven-. Pero jamás nadie ha perdido algo que significase el final para todos, por mucho que sintiese la muerte cercana. ¿No le estaremos dando demasiada importancia a lo que no la tiene?

Era el tipo de discurso que el gigante de piedra odiaba. Lo había oído muchas veces en distintas voces, pero le seguía molestando. Como si, hurgándole en el ojo, le reprochasen que se tomaba demasiado en serio a sí mismo.

-¡Silencio! -vociferó.

El señor conejo, al verle tan enojado, delató su nerviosismo con un tic en el párpado.

-¡Que os calléis! -gritó de nuevo el coloso, aunque gobernaba el silencio.

Allí no se movía ni una hoja. Lo único que se agitó fueron los puños del gigante de piedra, como mazas prestas a machacar al señor conejo.

-¡Ten clemencia, oh poderoso gigante! -suplicó este.

-¡Me estáis haciendo perder la paciencia!

-¡No hay que ponerse violentos! ¡Esa nunca es la solución!

-¡Se acaba el tiempo!

No iba muy desencaminado, el coloso. La estrategia de hacer pasar las horas del señor conejo estaba resultando efectiva. Estas se iban alargando y caían sobre ellos como una lluvia sutil, introduciéndoles poco a poco en los misterios de la noche que llegaba.

Pero la ira del gigante de piedra había empezado a dar muestras de flaqueza. Dejó de mirar al señor conejo, ladeó la cabeza buscando a la chica. Contrajo los labios para decir:

-Tú mataste a mis hijos... -compuso las palabras como si, diciéndolas, se estuviese disculpando-. Disponte a morir...

Abril captó el tono lastimero del vengador. En su voz no quedaba rastro del odio cruel que cargaba sobre la espalda poco antes.

-Habríamos sido buenos amigos...

El gigante de piedra no entendió las palabras de la adolescente.

-Tus hijos y yo -aclaró Abril-. Habríamos sido buenos amigos.

El coloso respiró hondo. Por un instante les vio compartiendo risas. Con ella. Le pareció, incluso, que agitaban sus queridas manitas de piedra viva para despedirse de él. ¡Qué no hubiese dado por besárselas una última vez!

Lo que iba a hacer le dolía a él más que a la joven. Alzó el puño hasta el cielo y, cuando iba a bajarlo, con la adolescente tomándole de la otra mano, lanzó una súplica:

-Conejo, ¿no tienes otro cuento?

El azorado campeón de Abril se dispuso a dar lo mejor de sí mismo. Juntó palabras hasta hilar una historia y Dudo, el gorrión que leía filosofía, no pudo reprimir el llanto. En el almendro, no muy lejos de la vista de los presentes, el corazón del pajarillo palpitó como si un duende jugase con sus emociones.

-¿Y si mi relato es inútil? -preguntó, temiendo la respuesta, el señor conejo.

-Entonces ningún otro cuento habrá valido la pena -dijo el gigante de piedra-. ¡Miénteme, conejo!

El señor conejo tragó saliva, contuvo un irrefrenable deseo de echarse a llorar. A lo largo de la mañana había crecido la esperanza de salvar a la adolescente y ahora, sintiendo la lengua tierra quemada, viviría para lamentar que no había conejo en este mundo que pudiese salvarla.

-"Tiempo atrás hubo un estudiante llamado Serafín quien, ilusionado con entender la naturaleza de las cosas, se apuntó a la universidad y cursó la carrera de física" –comenzó a narrar, cayendo las palabras de sus labios, atribulado.

-SERAFÍN Y EL PROFESOR GARCÍA-

Tuve, en la universidad, un profesor que llegó el primer día de curso con la ocurrencia de presentarse como un extraterrestre que acababa de aterrizar en Barcelona. Construyó una historia de hondo calado con la que dio comienzo a sus clases. Ahora, inspira este cuento.

He tenido la suerte de conocer a personas muy destacadas en sus respectivos campos intelectuales. Escritores, ajedrecistas, músicos, catedráticos... Todos, sin excepción, aman lo que hacen. Juegan con el conocimiento y amplían nuestro saber gracias a sus juegos. Tienen la capacidad de ser niños en un mundo de adultos.

Tiempo atrás hubo un estudiante llamado Serafín quien, ilusionado con entender la naturaleza de las cosas, se apuntó a la universidad y cursó la carrera de física. Era el primer miembro de su familia que tendría estudios superiores, lo que alimentaba sus ansias de conocimiento.

El joven, días antes de comenzar el curso, no perdía ocasión de comentar a sus amigos que esperaba mucho de ese primer año universitario. ¡Estaba convencido de que su destino se encontraba en el estudio de la materia que forma los cuerpos! Había, en su pensamiento, algo casi místico que justificaba sus ansias de aprender: saber era razón y ley.

Días después, Serafín se presentó en la clase del profesor García. Estaba convencido de que su mente brillaría con algo de lustre, por lo que se sentó en primera fila. ¡No se iba a distraer por nada del mundo!, su cerebro sería una esponja.

Cuando llegó el profesor, no lo hizo solo. Le acompañaba un pequeño gato siamés, el cual acomodó en su mesa, entre los libros. El felino, al principio, maulló inquieto, pero al poco olvidó su actitud de niño regañado. Escrutaba los rostros de los alumnos, permanecía a la expectativa.

El profesor tomó asiento en el centro de la tarima. Desde allí, en una sencilla silla de madera, se dirigió a sus estudiantes:

-¿Qué podemos saber?

La pregunta cayó entre el alumnado sin concesiones. Las caras de sorpresa abundaron y Serafín, con hambre de conocimiento, picado en su orgullo, respondió:

-¡Podemos saberlo todo sobre todas las cosas!

Luego, ante el asombro general, insistió:

-¡Tenemos el deber de saberlo todo sobre todas las cosas!

El profesor se alzó el cuello de la camisa, en una costumbre chulesca que sus nuevos pupilos encontraron fascinante, inusual en un académico respetado. Lo hacía cada vez que encontraba un rival intelectual y, por lo que le decía su intuición, aquel joven iba a ponerle a prueba.

-No podemos saber nada –replicó el profesor García-. Usted, y yo, menos que nadie.

Y, ante el estupor de sus estudiantes, se dispuso a narrarles un cuento.

"Hubo una vez, en la lejana China, una princesa. Se llamaba Liu Mei. Era una muchacha inteligente, culta y disciplinada pero, por desgracia, ningún pretendiente conseguía su amor.

La princesa Mei veía pasar a sus pretendientes, muchos de ellos provenientes de reinos lejanos cuyos nombres se han perdido, sin que lograsen hacer mella en su ánimo ausente. Eran nobles que se adornaban con lujosos atuendos, ropajes y joyas que deslumbraban a todas las muchachas. Pero no a ella".

El profesor García cerró los párpados. Se apoderó de la clase un hondo silencio, que ninguno de sus alumnos rompió. Pasaron así varios minutos, hasta que el joven protagonista de nuestra historia se atrevió a formular una pregunta:

-¿Esto tiene algo que ver con la física de partículas?

Hubo murmullos entre sus compañeros de curso. Unos opinaban que estaba mal que interrumpiese al profesor; otros, en ese momento unos pocos, que su maestro divagaba con historias para niños.

El gato siamés, que encontraba fascinante ir dejando caer los libros del profesor García desde la mesa, fue dando golpes con la patita a un volumen de tapas duras. Cuando el libro cayó se oyó un gran ruido y el felino, asustado, disimuló su fechoría ronroneando.

"Mei se limitaba a suspirar profundamente de vez en cuando" –siguió el académico con su relato-. "Sus consejeros trataban de apaciguar el dolor que parecía experimentar su corazón, mas nadie comprendía la naturaleza de sus sentimientos. Sabían que algo afligía a la princesa, pero no daban con la causa de su malestar.

"¿Qué le pasa a la princesa?", se preguntaban. "¿Será que se encuentra cansada? ¿Tal vez, enferma? ¿Qué mal aqueja a nuestra princesa?".

Un día, una anciana cocinera de palacio se percató del modo en que la princesa entornaba los ojos cuando le hablaban del amor. Le bastó, entonces, solo una mirada para comprender el misterio que se ocultaba al afán investigador de los sabios que la aconsejaban".

El profesor García, para sorpresa de todos, se dirigió hasta donde estaba su gato siamés y, sin decir palabra, se puso a hacerle carantoñas. Luego anduvo un rato de una punta de la tarima a la otra, hasta que se cansó y volvió a su silla.

-¡Sigo sin ver la relación entre esta historia y la física de partículas! –se atrevió a insistir Serafín, cuya voz delataba impaciencia.

De nuevo hubo comentarios entre sus compañeros. La extraña actitud de su maestro no contribuía a aclarar la situación, lo que envalentonaba al estudiante y a un número creciente de estudiantes.

El profesor García, quien no parecía afectado por el ambiente de hostilidad que comenzaba a tomar cuerpo en el aula, se levantó parsimoniosamente de la silla, tomó asiento en la tarima y continuó con su relato.

"Los consejeros comprendieron que la anciana cocinera había descubierto la clave que atesoraba el misterioso estado de ánimo de la princesa. ¡Era un elixir milagroso que se derramaba en forma de lágrimas cuando creía que no la miraban! Por eso, asediaron a la buena mujer con preguntas indiscretas. ¡Pero ella fue incapaz de explicar el sentimiento que había tocado el corazón de Mei! La emoción, como un pájaro de vivos colores, se había ido como llegó. Las redes de los sabios nunca lo atraparon".

-¿Y la física de partículas? –se quejó el joven, visiblemente molesto. Su intervención, interrumpiendo a su mentor, fue acompañada por un runrún de voces. La paciencia de los estudiantes se agotaba. Los alumnos se pusieron a discutir enérgicamente. En cuestión de minutos quedaron pocos que se posicionasen a favor del profesor García. Por eso, la clase enmudeció cuando este se dirigió al pequeño gato siamés sentenciando:

-El corazón de la princesa era como el mundo subatómico, "Kitín", cuya verdad se oculta a nuestra mirada. Y, aunque llegásemos a saber de su existencia, no podríamos explicarlo, pues lo estaríamos modificando.

Los alumnos entendieron la sabiduría que encerraban las palabras del profesor. ¿Todos? Casi todos. Una voz se alzó desde la primera fila. Era, ¡cómo no!, Serafín, quien ansiaba conocerlo todo:

¿Nos ha tenido todo este tiempo escuchando un cuento infantil solo para decirnos que el conocimiento es un pájaro que escapará volando si nos acercamos?

Estaba frustrado. Acababa de perder la fe, sus sueños se habían quebrado. Pero entonces el profesor García esbozó una amplia sonrisa, se acercó a donde estaba él y, poniéndole la mano en el hombro, le dijo:

-Os he contado esta narración para mostraros la existencia de la frustración y la belleza de seguir intentándolo. Y, ahora, abrid el libro de "Física de partículas" por la página tres.

La manera en que nos acercamos al conocimiento hace de nosotros seres maravillados por su naturaleza inacabable o personas grises que se toman como derrotas las nuevas oportunidades para aprender.

El amor por la investigación no se cuantifica en horas de trabajo. Quien investiga de corazón disfruta con los retos de ir conociendo nuevas caras en su objeto de estudio y en la práctica de abandonar ideas que la tradición juzgaba asentadas. Esta flexibilidad, el ánimo para seguir encontrando fascinante lo mil veces estudiado, es el amor.

Amar nos da fuerzas cuando la vista falla y el detalle se hace oscuro. Amar es el camino hacia el saber. Amar es seguir nuestro camino en las artes y en las ciencias sin que importen ni la opinión del examinador ni la rentabilidad de nuestro empeño. Amor, amor... nada tiene más sentido que el amor.

Para Dudo, el gorrión lector de filosofía, fue una liberación. Su fe como estudiante se había afianzado en que su afán de leer iba más allá de pasar exámenes o de labrarse un futuro prometedor, aunque en la escuela nadie pareciese comprender esa idea. Estudiar como disciplina rutinaria, lo que sus profesores se empeñaban en que hiciera, no daría buenos frutos, aparte de un expediente académico reluciente.

En la rama del almendro, oyendo la historia del señor conejo, las piezas encajaban: el amor que depositaba en su libro valía más que las calificaciones en los cuadernos. Con los boletines de notas simplemente se constataba su instrucción para pasar por el aro de los domadores de pájaros; con el manual de filosofía y lo que estaba aprendiendo, podría alcanzar la maestría.

Le pareció divertido que, siendo el almendro un árbol bajo, le hiciese tener el espíritu en lo más alto. Sería por la abundante y hermosa floración del almendro que, vestido de cinco pétalos sutilmente rosados, el dulce aroma de las almendras le hizo recordar su niñez.

Se acordó con melancolía de las veces que había acallado su natural tendencia a discrepar, de la rutina de hacer deberes y encallar la mente en vueltas a los mismos círculos, de las horas muertas en clase escuchando el eco lejano de una profesora que aniquilaba sus ganas de aprender. Dudo, tan pajarito, solo quería volar y llevarse su amado libro a otra parte. No es que tuviese algo contra alguien; era que, simplemente, no encajaba. Pero el claro en el bosque... ¡Ah, el claro en el bosque! ¡Qué afortunado se sentía allí leyendo, escuchando, viendo y pensando! ¡A salvo de miradas indiscretas!

GORGIAS DE LEONTINOS

FILOSOFÍA PARA AVES, pág. 154.

GORGIAS DE LEONTINOS [485 a.C.-380 a.C.]

¿Has oído hablar de Gorgias? ¡Seguro que tus profesores lo habrán hecho! Este pensador, natural de la ciudad de Leontinos (la actual Sicilia), vivió entre los años 485 a.C. y 380 a.C., aproximadamente. ¡Ya sabes que las fechas del mundo antiguo nunca son exactas!

De él conocemos que nació en el seno de una familia vinculada al estudio y a la difusión de la filosofía. De su vida, a rasgos generales, cabe decir que fue un hombre afortunado, pues fue muy longevo: la tradición recoge que vivió... ¡más de cien años con perfecta lucidez y un estado de forma física envidiable! Todas las aves deberían saber que seguramente no fue tanto, pero ya sabes que a los griegos les encantaban estas exageraciones.

Gorgias, además, fue muy acaudalado, por lo que se pudo permitir viajar por toda Grecia con todo lujo de comodidades. Por ello, su discípulo Isócrates dijo que "(...) el que mayor fortuna amasó, de cuantos sofistas recordamos, fue Gorgias de Leontinos".

No obstante, sus continuos cambios de residencia tuvieron como consecuencia que no llegase a casarse ni a tener hijos. ¡No se puede tener todo en esta vida!

Entre sus méritos intelectuales destaca su capacidad para la retórica, descollando sobre los demás sofistas. De hecho, incluso se le atribuyó ser el creador del arte de la oratoria entre estos sabios, quienes se dedicaron a impartir clases de elocuencia a los jóvenes de familias pudientes con aspiraciones políticas.

Tanto fue el prestigio que alcanzó Gorgias que, siendo un hombre joven, consiguió tener multitud de alumnos. A las familias de estos les cobraba una cantidad inusualmente alta para la época (alrededor de cien minas, ¡toda una fortuna!), lo que sin duda acrecentó tanto su patrimonio como su fama.

La figura de Gorgias alcanzó su máxima popularidad cuando, con motivo del ataque de los siracusanos a Leontinos, el filósofo fue enviado a la cabeza de una embajada para pedir protección a Atenas. Los gobernantes atenienses, impresionados por su oratoria, firmaron una alianza con los leontinenses y, siendo recibido el sofista en su ciudad como un héroe, se le honró erigiéndole una imponente estatua de oro macizo en Delfos. ¿Te lo puedes imaginar?

En cuanto a su relevancia como maestro de dialéctica, siguen presentes ciertas dudas que tienen su origen en una errónea interpretación del diálogo de Platón "Gorgias". En él, Sócrates rebate con facilidad los argumentos del sofista, humillándole una y otra vez. Sin embargo, ¿por qué Platón hace que Gorgias sea el centro de esta obra? Harían bien las aves en sospecharlo: por admiración. Platón sabía que era un hombre escuchado por el pueblo y por sus dirigentes. Este debate sigue abierto a día de hoy, sujeto a tantas interpretaciones como lectores de Platón haya. ¡Y son muchos los platónicos en todo el mundo! ¡Debes leer estos textos despacio y con mucho cuidado!

El arte de Gorgias es la oratoria, que se muestra dispuesto a enseñar a quien pueda permitirse el coste de sus clases. Presumía de ser capaz de defender incluso tesis contrarias con éxito, formando parte de la primera ola de sofistas. Estos, se caracterizaron por su escepticismo y por su relativismo, lo que implicaba que renunciaban a conocer la verdad sobre las cosas para, con espíritu práctico, moverse con agilidad en el mundo de la opinión. El problema de esta "fábrica de ganar discusiones" es que la retórica es una técnica de persuasión ajena a la ética. Dicho de otro modo: un arma de los ricos para imponerse a los pobres, de los que pueden permitirse recibir clases para aprender a discutir frente a los que carecen de esos medios.

En una obra que se le atribuye ("Sobre la Naturaleza o el No-ser"), el filósofo ofrece tres célebres pensamientos que ejemplifican su postura:

A) Nada existe.

B) Si algo existiese, no podría ser conocido por el hombre.

C) Si algo existente pudiera ser conocido,

sería imposible expresarlo mediante el lenguaje a otro hombre.

Esta muestra de escepticismo provocó mucho revuelo en la antigüedad. Implicaba que el conocimiento de las cosas era producto de la visión del observador. Tanto daba encontrarse en posesión de la verdad o defender una mentira, desde un punto de vista práctico solo importaba imponerse en la discusión. Esto excluía de facto la posibilidad de cualquier ética, lo que incomodó por sus connotaciones. ¿Cómo pretender justificar el orden social si no había razones sólidas para defender la causa de las leyes? ¿Qué sentido tenía actuar con justicia si esta no existía? La generosidad, la empa-tía, los valores tradicionales... eran inútiles en un contexto dominado por el pragmatismo. Este tipo de doctrina, con tintes de anarquía, encajaba mal en el espíritu griego tradicional, provocaba tensiones en la ciudad.

-ÉPOCA: S. V - IV A.C.
-LUGAR DE NACIMIENTO: LEONTINOS.
-OBRA DESTACADA: MANUALES DE RETÓRICA, TRATADOS FILOSÓFICOS, OTROS DISCURSOS.
-IDEA PRINCIPAL: NADA EXISTE.
GORGIAS DE LEONTINOS

CAPÍTULO IX

-"Y, ahora, abrid el libro de "Física de partículas" por la página tres", finalizó, para regocijo de todos, el señor conejo. Incluso el gigante de piedra se permitió una tímida sonrisa, pues llevaba demasiado tiempo tomándose las cosas con seriedad. Abril tomó asiento, apoyó la espalda en el tronco de un limonero cuyas hojas, brillantes, vestían el bosque de ensoñación. La distensión se esparció por el claro y, adentrándose en el atardecer, los presentes tuvieron su primer momento de paz.

En eso que, sin avisar, un pequeño ratón distraído llegó hasta ellos sin más pretensión que tomarse un descanso a los pies de dos grandes rocas. Vestía unos bonitos pantalones bombachos del color de la amapola y, como es común entre quienes prestan poca atención a las cosas ordinarias, llevaba un libro. Los reunidos le observaron con gran interés, como se mira una imagen de Nueva York en esas bolitas de cristal nevadas que tanto gustan a los niños. Luego, cuando recuperó el resuello y su respiración se hizo más lenta, el ratón distraído acarició el lomo de su libro y se adentró en los misterios de las letras negras en fondo blanco. Entonces, el señor conejo se dirigió a él.

-Ratón, ratoncito... ¿Es interesante ese libro?

Al sentirse descubierto, el ratón distraído se echó de rodillas a tierra. Se llevó las patitas a la cabeza, imploró por su vida.

-¡No me aplastes, poderoso gigante! ¡Quédate mi libro, si quieres! -le suplicó, temblando de miedo-. ¡No sabía que eras el amo de estas tierras! ¡Me iré ahora mismo y no volveré jamás, te doy mi palabra!

El señor conejo, al que nunca habían hablado así, saboreó la repentina furia que experimentan los poderosos en presencia de quienes les son inferiores. Mas, por fortuna, recuperó la cordura a tiempo, antes de cometer una barbaridad.

-No te asustes, amigo, solo soy un conejo...

El ratón distraído, respirando con dificultad, no sabía qué decir. Se sentía pequeño... ¡porque, en efecto, era pequeño!

-Respira, ratón. Respira sin miedo, que estás entre amigos -trató de calmarle el señor conejo. Sin embargo, sus palabras causaron el efecto contrario. La angustia se apoderó del cuerpo del ratón distraído al saberse en compañía de otros colosos cuyas intenciones desconocía. Se percató de la presencia de Abril.

-¡Oh! -se amedrentó ante la imponente joven-. ¡Ten piedad de mí, poderosa gigante! ¡Clemencia!

Suplicó, aún hincado de rodillas en tierra. No se atrevía a alzar la vista. La chica, una montaña viviente a sus ojos, le pareció descomunal. Feroz. Bestial. Implacable. Intentó en varias ocasiones mirarla a los ojos disimuladamente, pero no consiguió reunir el valor necesario para hacerlo. En su pequeñez, el ratón distraído se sabía irrelevante como una mota de polvo ante la magnitud colosal del señor conejo y de Abril. Podrían, si les apetecía, aplastarle. Desmembrarle. ¡Hacerle cualquier cosa que se les pasase por la cabeza!

La adolescente se sintió conmovida. Estaba acostumbrada a ver las cosas a su manera y, en aquel momento, las vio desde el punto de vista del ratón distraído. Dejó de hacer mohines. Sus problemas palidecían ante los temores del roedor. Ella, al fin y al cabo, iba a ser castigada por sus pecados. Había un componente de elección y expiación justificable éticamente; a los que son arrojados al mundo, como el ratón distraído, ni siquiera se les concede la oportunidad de equivocarse. Su suerte está en manos de dioses crueles y poderosos, que juegan con su destino sin ofrecerles una explicación.

-No somos más importantes que tú, ratón -razonó el señor conejo-. ¿Qué más da ser un poco más grandes o más pequeños que otras motas de polvo en el universo?

Abril asintió, se sentía identificada con esas palabras. ¡Ella misma hubiese querido contraargumentar sobre las posibilidades que se nos dan al nacer! En ese momento, fijándose en el tomo que sostenía trémulamente el ratón distraído, observó:

-La existencia de un rey no es más relevante que la del moho en las tapas de un libro.

Había algo hermosamente poético en la reflexión de la jovencita, pues recibía la inspiración de la fragancia de los limones. Abril estaba en la edad de abrirse al mundo y a sus maravillas, de ejercitar el pensamiento crítico y a toda creencia anteponer la duda.

Estaba la adolescente sumida en esas reflexiones cuando el gigante de piedra, pendiente de lo que se hablaba, perdió la paciencia. Movió la cabeza, dejando escapar una queja gutural. Fue un sonido bronco, poderoso, la expresión sincera de su estado de ánimo. Entonces el ratón distraído, dándose cuenta de su sobrecogedora presencia, hizo una mueca y cayó al suelo entre convulsiones. No le dio tiempo a sufrir mucho, pronto se le apagó la vida. Su pequeño corazón no había podido asimilar el terror de estar a la vista del coloso.

-¡Ha muerto! -corroboró con tristeza el señor conejo.

La joven miró al gigante de piedra. Este se sintió el ser más desdichado del mundo, pues no había mal más dañino que su existencia.

-Al final me salí con la mía -lamentó-. Vine dispuesto a matar y ahora el ratón yace sin vida.

Se oyó el aleteo de los insectos revoloteando en torno al bonito limonero, los cuales acudieron raudos para aprovechar el cadáver; el resto, silencio; a su alrededor, desdicha.

-Miradlo, tan quietecito...-comentó la chica.

-Tan bien puesto, con las patitas cruzadas sobre el pecho... -observó el señor conejo.

El gigante de piedra se dispuso a amontonar tierra sobre el cuerpo del ratón distraído. La dejó caer a pequeños montones, respetuosamente.

-¿Para esto vine al mundo? ¿Para sembrar destrucción?

Las palabras del coloso no obtuvieron respuesta. Nadie, de haberla tenido, se la habría ofrecido. Sin embargo, Abril se arrodilló junto al pequeño túmulo y escarbó en la tierra, depositando el contenido de un saquillo.

-Son semillas de rosal -se explicó-. Iba a usarlas para un trabajo de escuela.

Al gigante de piedra le conmovió el gesto de la chica:

-Su familia te estaría agradecida, asesina de mis hijos.

El señor conejo asintió. Luego, de pie ante la tumba del ratón distraído, la joven añadió:

-Esto me recuerda una historia que le oí a una profesora...

Como vio que el señor conejo y el gigante de piedra se miraban circunspectos, continuó diciendo:

-"Érase una vez una niña llamada Carmen, que habría sido como cualquier otra chiquilla de no ser porque era un fantasma."

Dudo, el gorrión que se complacía en leer filosofía, lo vio todo desde la rama del limonero. Estaba confundido: la muerte del ratón distraído le apenaba, pero las semillas de rosal darían origen a un arbusto cuyas flores inspirarían a los visitantes del claro. "Hasta en la adversidad hay motivos para la esperanza", se le ocurrió. Pensó en los que mueren sin aportar nada al mundo. "Llegó como un fugaz visitante; su legado arraigará".

-CARMEN, LA PEQUEÑA FANTASMA-

Hace años conocí a una persona que decía haberlo perdido todo. Estaba en una situación límite, no quería seguir viviendo. Fue en una unidad psiquiátrica, a la que fui en busca de orientación para un guion que estaba escribiendo. Nos pusimos a hablar y, con la confianza, le conté un cuento. Me lo agradeció con palabras que nunca voy a olvidar.

Érase una vez una niña llamada Carmen, que habría sido como cualquier otra chiquilla de no ser porque era un fantasma. Había muerto antes de tiempo y, por algún motivo que desconocía, su espíritu aún se hallaba en este mundo. Como si aún le quedase algo importante por hacer.

Y es que Carmen se había ido sin tiempo a resolver sus asuntos. Algunos no tenían importancia, claro, pero los que afectaban a su familia le producían una honda preocupación. Especialmente lo concerniente a su hermana pequeña, pues se despidieron de manera fría y les faltó valor para decirse lo mucho que se querían. Habían discutido por una tontería, ese tipo de cosas absurdas que se olvidan. Excepto cuando ya no hay tiempo para arreglarlo.

"Mi pobre Sofía", se lamentaba. "¿Qué será de ti, sola en la vida, sin una hermanita que te cuide?". No había pensamiento alegre que la consolase. Se dejaba llevar por esa idea triste que la atormentaba.

Un día, a media noche, la niña fantasma estaba dando un paseo por el puente blanco de Bac de Roda. Se trataba de una construcción emblemática de cuando los Juegos Olímpicos de Barcelona aunque, más que dar solución, complicaba el tráfico. No obstante, era innegable que se trataba de un puente muy bonito. Muy elegante. "¡Cómo me gustaría que pasase un caballo al galope!", se entretuvo en pensar.

Carmen estaba sumida en esas ideas cuando, a su lado, oyó un ruido. Al mirar, vio que un hombre se disponía a saltar al vacío.

-¡Espera! –gritó la niña-. ¡No lo hagas!

El hombre suspiró, se agarraba a la barandilla por la parte de afuera. Bajo él, un descampado y todo el vacío del cosmos en el corazón.

-¡Es inútil! –respondió-. ¡El mundo estará mejor sin mí!

-Yo no te lo puedo impedir, soy pequeña –reflexionó la niña-. Pero, antes de que lo hagas, ¿puedo preguntarte tres cosas?

El hombre asintió. La chiquilla fantasma se acercó a él despacio, tomándose su tiempo. Cuando llegó hasta él, le dijo:

-Mi primera pregunta es: Esta situación, ¿es culpa tuya?

La cuestión tomó por sorpresa al hombre. Al puente. A la misma negrura de la noche.

-¿Cómo puedes decir eso? ¡Le di todo mi amor! –parecía estar muy dolido con otra persona, que la pequeña identificó como la mujer de aquel señor-. Tú no puedes saber lo que es querer a alguien, claro, porque eres una niña. ¡Pero algún día te partirán el corazón como a mí y entenderás por lo que estoy pasando!

La chiquilla asintió, había muerto sin haber tenido tiempo para enamorarse. Ni para tantas otras cosas. Cerró los ojos un momento, tratando de imaginar lo que se debía sentir en brazos de la persona amada. Lo que experimentó en sus pensamientos fue como dejarse caer en un campo de algodones, sin miedo a hacerse daño, con una sonrisa dulce de felicidad. Luego, abrió los ojos y formuló su segunda pregunta:

-¿En qué va a mejorar las cosas que tú ya no estés?

Carmen lanzó la pregunta pensando en sí misma. Su muerte dejó un gran vacío en casa. De hecho, paseaba como fantasma por los puentes porque no soportaba ver llorar a su madre y no poder abrazarla. El hombre, confuso, trató de explicarse:

-Al menos no sentiré este sufrimiento que me devora por dentro… -no encontraba argumentos más allá de su sufrimiento. Se quebró-. ¿Por qué duele tanto? ¿Por qué no puedo ser como ella y tener el corazón frío?

Carmen sintió la fuerza de esas palabras. Nunca había visto llorar a un adulto, ¡se suponía que tenían soluciones para todos los problemas!

El hombre levantó una pierna. Al hacerlo perdió un zapato y así, con el pie en vilo, le pareció que lo más fácil era soltarse. Miró una última vez a la niña antes de dejarse caer. La chiquilla fantasma, con ojos como dos lunas, le dijo:

-Mi tercera pregunta es la siguiente: ¿quién eres?

El hombre respondió desganado.

-Soy Paco, el panadero. Tengo un pequeño horno en la calle Andrade. Seguro que has pasado por delante más de una vez.

-No, no… -insistió la pequeña-. ¿Quién eres tú de verdad?

El panadero, ante lo que planteaba la chiquilla, se desmoronó. Y comprendió.

-Soy el niño de Araceli, que se sonreía cuando su madre le rascaba la barriga de pequeño –tragó saliva-. Soy el chico que le daba trozos de pan húmedo a los gorriones en la plaza. Soy el hombre que olvidó que una vez fue un niño.

-Pues nunca es tarde para que el hombre vuelva a ser ese niño –se despidió la niña fantasma.

Carmen se alejó sin mirar atrás. Jamás volvieron a encontrarse. Los ojos del hombre le habían dicho, en el lenguaje de los niños, que haría frente al dolor y encontraría su camino.

Lo que está dentro de nosotros es un tesoro que define nuestro valor como personas. Lo que está fuera, por muy bello que sea, incluso nuestro propio país, no deja de ser algo que encontramos en el camino. Puede ser valioso, pero no es nosotros.

A Dudo, el gorrión que leía filosofía, le impactó sobremanera la muerte del ratón distraído. No por heroica pues, literalmente, se había muerto de miedo, pero fue como ver extinguirse un pequeño sol. La alegría del ratón distraído había perecido con su cuerpo; el amor que despertaba entre sus seres queridos, también.

Para Dudo, siendo el limonero un árbol pequeño, no había sensación más grande que llenarse los pulmones de aroma a limón al respirar. Imaginó, con sana envidia, lo que deberían sentir los humanos que, como Abril, tienen los pulmones más grandes que los gorriones.

Como le gustaba tejer sueños y fantasías, siguió barruntando ideas extrañas. Sabía que el mundo estaba hecho a escala humana y se preguntó, sinceramente, por qué no estaba hecho para los gorriones. "Los pajaritos ni contaminamos ni nos matamos entre nosotros. ¡Y, además, volamos!".

Pero el olor de los limones limpió su mente. Comprendió que el mundo estaba hecho a medida de todo el que quisiese disfrutarlo. Que no hacía falta más que estar dispuesto a llenarse de él. Entonces, con las ideas claras, pasó a la página 180 de su manual de filosofía. Allí encontró, para su regocijo, la biografía de Protágoras de Abdera.

PROTÁGORAS DE ABDERA

FILOSOFÍA PARA AVES, pág. 180.

PROTÁGORAS DE ABDERA [485 a.C. 411 a.C.]

Las fechas biográficas de Protágoras, nacido en la ciudad de Abdera, son aproximadas, siendo ubicadas entre 485 a.C. y 411 a.C. De su juventud se cuenta que fue cargador y que llamó la atención del filósofo Demócrito al inventar un cojín que hacía menos incómodo su trabajo, por lo que este, admirado por su ingenio, le tomó por discípulo.

Han de saber las aves que se trató del más reconocido sofista, maestro que recorría las ciudades griegas instruyendo a sus alumnos en el arte de saber expresarse. Sus enseñanzas, gracias al prestigio del filósofo, le reportaron altas sumas de dinero.

Se cuenta que Protágoras fue un infatigable viajero, que llevó sus enseñanzas a lo extenso de las áreas de influencia griega durante cuarenta años.

Conocemos que, en Sicilia y en ciudades del Asia Menor, hizo fortuna impartiendo clases de retórica y de buena conducta.

Para comprender bien la profesión de sofista hay que entenderla como "maestro de virtud". ¡Y esto debe aclararse! Porque el término "virtud" no tenía en su época la misma acepción que ahora. "Virtud", en la Grecia del s.V a.C., se refería a la habilidad para ser exitoso en la vida cotidiana, algo práctico. En cambio, hoy la entendemos como el "Bien", un aspecto moral. Por eso, los griegos acaudalados pagaban generosas sumas, ya que una buena instrucción intelectual garantizaba que sus hijos mantuviesen el estatus económico y social de la familia con el paso del tiempo.

Es una anécdota muy conocida su disputa con su alumno Evatlo, quien no conseguía imponerse dialécticamente a sus contrincantes. Como fuera que no quería pagarle, Protágoras le llevó a juicio, declarando:

"Si yo gano, es preciso que por haber ganado me entregues los honorarios; si tú ganas, por haberse cumplido la condición, también deberías pagarme"

Según Platón (y esto debería decirse muy entrecomillado), Protágoras fue el inventor de dicha profesión. Lo que sí es indudable es que sus aportaciones a lo que hoy es modelo de enseñanza universal fueron capitales. Prueba de ello es que, durante una de sus estancias en Atenas, el gobernante Pericles le encargó la redacción de una constitución para la nueva colonia de Turios y que, con ella, Protágoras instauró la primera educación pública y obligatoria que conoció la humanidad.

La etapa de gloria de Protágoras en Atenas tuvo un abrupto final cuando fue acusado de ateísmo (otras fuentes apuntan que de blasfemia). En su obra "Sobre los dioses" había escrito que no se puede saber si los dioses existen ni cuales son sus formas o naturaleza, lo que hizo enfurecer a las masas asilvestradas. Esto, llevó al filósofo a buscar refugio en Sicilia.

El libro, cargado de polémica, había sido víctima de una interpretación literal. Cuando el de Abdera escribió su sentencia más conocida, lo hizo como carga de profundidad contra el sistema, que perpetuaba el gobierno de los ricos y la sumisión de los pobres.

"El hombre es la medida de todas las cosas.
De las que son, en tanto que son,
y de las que no son, en tanto que no son"

Esto fue malinterpretado. Con frecuencia se ha valorado esta expresión en sentido teológico, dando a entender que el filósofo no creía en los dioses (algo prácticamente descabellado para un griego de la época). Pero la interpretación que muchos aceptan actualmente es bien distinta: el discurso de Protágoras es social. Nada que ver con la divinidad.

El de Abdera mostraba así que la vida en común no podía concebirse sin que las personas importasen. Cualquier código de leyes debía elaborarse entendiendo que se aplicarían a personas, no a objetos (de ahí, como viste antes, la necesidad de incluir en las constituciones la escuela pública y obligatoria). Tras el gobierno de los poderosos debe haber siempre la razón innegociable de defender al más débil, a aquel cuyos derechos peligren, al que ha quedado "fuera del sistema". Es decir, de instruir al pueblo.

Es síntoma de la importancia de las ideas de Protágoras que, en los duelos de pensadores que ejemplifican los *Diálogos de Platón*, el discípulo de Sócrates dejó en tablas la discusión entre el de Abdera y su maestro. Fue el único debate en el que Sócrates no fue intelectualmente superior a sus rivales. De hecho, las aves deben saber que es notorio que Protágoras era muy apreciado por Sócrates, quien admiraba la profundidad de sus conocimientos pese a discrepar en el uso que hacía de ellos.

Por desgracia, sus obras fueron quemadas y, en el transcurso de su marcha a Sicilia, murió ahogado al zozobrar el barco en el que huía.

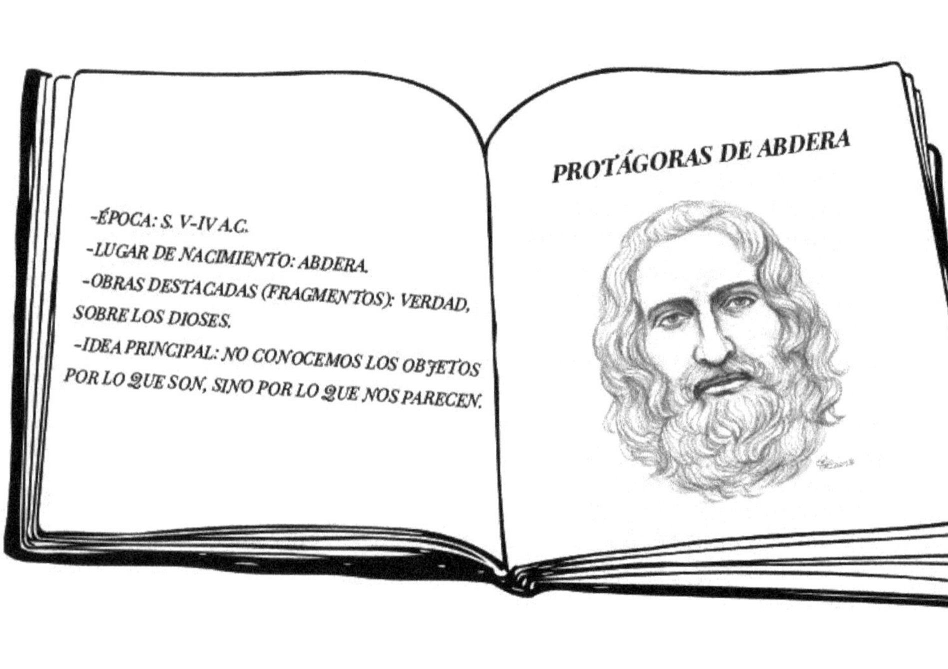
-ÉPOCA: S. V-IV A.C.
-LUGAR DE NACIMIENTO: ABDERA.
-OBRAS DESTACADAS (FRAGMENTOS): VERDAD, SOBRE LOS DIOSES.
-IDEA PRINCIPAL: NO CONOCEMOS LOS OBJETOS POR LO QUE SON, SINO POR LO QUE NOS PARECEN.
PROTÁGORAS DE ABDERA

CAPÍTULO X

-"Los ojos del hombre le habían dicho, en el lenguaje de los niños, que haría frente al dolor y encontraría su camino" –concluyó el relato la adolescente.

-¡Qué bonita historia, Abril!

La observación del señor conejo no fue gratuita. Se sentía en la obligación de alejar a la chica de las tinieblas.

-¿En qué piensas? –inquirió la joven.

-En que mi vida podría haber sido muy diferente de haber tenido más claro quién soy…

El señor conejo hundió la vista en la tierra que pisaba. Movió los bigotes con nerviosismo.

-Pero ahí estás, bien elegante y con buenas palabras -le animó la adolescente.

-Una sombra de lo que podría haber sido...

Viendo que la tristeza se hacía a su alrededor, el señor conejo hinchó los mofletes e imitó a un trompetista:

-"¡Bienvenidos al circo, damas y caballeros, niñas y niños! Hoy les presentamos... ¡la decadente historia de un conejo! ¡Esta es la obra de un conejo que nació conejo, vivió como un conejo y morirá siendo conejo!".

La jovencita, quien tenía querencia a la melancolía, suspiró con delicadeza. Apoyó tiernamente la cabeza en el tronco de una espléndida morera.

-Yo también fui joven, como tú –reconoció el señor conejo con indisimulada amargura-. ¡Tuve sueños!

El gigante de piedra, quien no perdía detalle de lo que sucedía, decidió intervenir:

-Conejo, aunque tu sombra sea pequeña no has dudado en hacerme frente para salvar a esta humana. Aún no está claro si vas a salir de esta, pero has cogido el toro por los cuernos. Nadie te ha empujado a actuar así -le dijo-. Si sale mal, podrás escupir a la cara a los dioses y decir, con orgullo, que eres un valiente.

El señor conejo miró de soslayo al gigante de piedra. Ambos eran conscientes de que allí se hablaba de algo más que de la vida y de la muerte. Acto seguido, el campeón de la joven extravió la mirada en las nubes. Luego, se miró las patas, tomándose su tiempo. Estaban deformadas, le dolían. Eran la viva expresión del esfuerzo que le había costado amar los libros y tener cultura. Masculló algo ininteligible.

La noche salvadora se acercaba. Lo que para la joven era esperanza significaría, para el coloso, caer en un sueño de mil años. Para ella era la promesa de una vida con momentos irrepetibles y experiencias turbadoras; para el gigante de piedra, haber presenciado el amanecer de las maravillas, yacer y despertar cuando el último testigo de esos prodigios ya no estuviese. Que la chica pudiese cambiar su estrella, respirar un día más, dependía de él. Dependía, en suma, del terrible precio que él pudiese pagar. Él, que tanto dolor sufría por su culpa. Él, quien la odiaba más de lo que se pudiera expresar con palabras.

El señor conejo, en cambio, veía las cosas desde otro punto de vista. En su opinión, que la adolescente se salvase dependía de su talento, de su pericia juntando palabras, de la capacidad de convicción que la Providencia le había dado y que los años de estudio habían pulido. ¡Qué carga tan pesada, sobre sus hombros de conejo!

Las sombras habían crecido. Serían las seis de la tarde. Un momento tan bueno como cualquier otro para mirar las nubes y verlas pasar.

-¿En qué piensas, conejo? -la voz poderosa del gigante de piedra exigió respuesta.

-Pienso en cómo aplacar tu ira un rato más, pues mi ingenio se está agotando y apenas me quedan ideas.

El coloso apreció el súbito arranque de sinceridad de su interlocutor. Era fútil, pero de exquisita nobleza. Respetaba ese comportamiento.

-La suerte de la chica está echada.

-¡Piénsalo de nuevo, oh poderoso gigante! ¡Esta locura se puede evitar!

El señor conejo funcionaba a base de arrebatos. ¡Tan pronto como parecía venirse abajo, movía los bigotes y salía en defensa de la joven! Pero el coloso hizo una mueca, negó con la cabeza.

-No deberías albergar esperanza. Hay procesos que, una vez empiezan, no paran. ¿En qué mundo podrías tú oponerte a las tempestades, a los volcanes o a los terremotos una vez que dan rienda suelta a su furia?

La crudeza del argumento del padre vengador no admitía réplica. Cruzaron miradas.

-¿Y si te muestro que lo que parecía escrito no son más que prejuicios? ¿Y si soy capaz de demostrarte que hasta el más equivocado de los mortales puede hacerse perdonar? Demostraré, ¡sí, lo voy a hacer!, que harías bien en respetar la vida de esta chica y en tomar en cuenta sus pensamientos.

La enorme mole de piedra se encogió de hombros. Esa concesión del coloso arrojó una luz incipiente sobre la oscuridad. No como para lanzar campanas al vuelo, pero en la coraza del alma del vengador crecía una fisura.

A pocos metros de ellos Abril, silenciosa, se apartaba unos pasos de la morera y depositaba, amorosamente, pétalos de margarita junto al túmulo que honraba al ratón distraído. Se sentía agradecida por lo que el señor conejo estaba haciendo por ella, pero la esperanza había escapado de su mente como la primavera de piel rosácea huye de las flores para que desfallezcan con la llegada del frío.

-No me va a pasar nada por escuchar más cuentos -mintió el gigante de piedra.

-¡Claro! –le siguió el juego el señor conejo-. ¿Cómo iba a dañar un conejo a una montaña que camina?

Así, libre de tensión porque no se esperaba nada de él, comenzó a decir:

-"Érase una vez, compitiendo en un Gran Premio, que el ingeniero jefe de un equipo de Fórmula 1 tuvo un problema que no se veía capaz de solucionar: el motor del coche se calentaba más de lo debido y había riesgo de que se incendiase en plena carrera".

En la copa de la morera pasaron cosas. A Dudo, el gorrión que leía filosofía, le dio tiempo a componer algunas ideas antes de abandonarse a la desesperación pues, como buen morador del bosque, había tomado partido por la adolescente. ¡Pero no había fuerza capaz de oponerse a la voluntad del gigante de piedra! Así que pasó las páginas de su libro a toda prisa, como si purgase sus faltas, exorcizando sus demonios. Ya que no podía ayudar, se lanzaba a la tarea frenética de hacer algo.

-EL INGENIERO Y DIOS-

En los manuales de filosofía suele omitirse el papel desempeñado por la mujer. Es como si, sin mala intención por parte de los autores, tuviésemos que aceptar que el desarrollo del pensamiento racional fuese obra solo de hombres. Y, a poder ser, muy serios y aburridos.

Sin embargo, cuando estudiamos a fondo los clásicos griegos, aparecen nombres de mujeres cuyas aportaciones resultaron trascendentales en la vida social de las ciudades-estado. Estas pensadoras escribieron textos que en nada desmerecen a los de sus homónimos masculinos y, además, hubieron de hacer frente a la rigidez del patriarcado imperante en el mundo antiguo.

Érase una vez, compitiendo en un Gran Premio, que el ingeniero jefe de un equipo de Fórmula 1 tuvo un problema que no se veía capaz de solucionar: el motor del coche se calentaba más de lo debido y había riesgo de que se incendiase en plena carrera.

La presión que recibía el ingeniero se reflejaba en su estado de salud: demacrado, pálido como el cielo en los recuerdos vagos, con mirada de arenque atrapado en la red. ¡El teléfono móvil le ardía en las manos! No pasaba un minuto sin que el piloto, el jefe de la escudería o un ejército de mecánicos le llamasen. Se le estaban acabando las excusas: sus vastos conocimientos de mecánica no le bastaban para dar con la solución y el tiempo se le echaba encima. ¡Solo faltaban 48 horas para que diese comienzo la carrera! Allí, en la soledad de su estudio, apartado del bullicio del *paddock*, se dejó caer como un peso muerto sobre el sillón en el que se le habían ocurrido sus mejores ideas.

Entonces, cuando todo parecía perdido, le vino la inspiración: ¡había que practicarle un agujero al chasis! La solución, aunque rudimentaria, podía funcionar. Su razonamiento se basaba en inyectar aire frío al motor con bombas de aire cada vez que el piloto parase para cambiar las ruedas. "¿Cómo no lo vi antes?", se preguntó entusiasmado. "Basta con una pequeña abertura, lo justo para que no afecte a la aerodinámica".

Rápidamente envió un correo electrónico al equipo de mecánicos. ¡No había ni un segundo que perder! Se encargarían de hacer las simulaciones y él, por fin, tendría un rato para echar una cabezada. En momentos como ese, con tantas voces exigiendo soluciones, echaba de menos su época de universitario. Su única preocupación en el piso de estudiante era reponer las porciones de pizza en el congelador.

Pero la crisis había pasado. La simulación iba a darle la razón. Un mecánico haría la ranura en la zona adyacente al motor con una radial... y asunto terminado. Entonces, se percató de que tenía una llamada perdida de su hermana:

-Dime, Vicky...

Llevaban tiempo sin hablar. Su relación se había enfriado cuando él entró a trabajar en la escudería. Ella también era ingeniera. Habían estudiado juntos. Soñaron que ambos trabajarían en un equipo puntero de Fórmula 1. Compartieron ideas en el proyecto final de carrera, pero a Victoria se le cerraron las puertas pese a tener un expediente académico inmaculado: ser chica no encajaba bien en la idea de pensar la ingeniería de los coches de competición.

-Tu secretaria me ha llamado. Dice que tienes dificultades con la ventilación del motor. ¿Quieres que te eche un cable?

El ingeniero no se tomó bien la intromisión en sus asuntos. Sería por el cansancio, pero no tuvo delicadeza al responder:

-No te preocupes, está solucionado. Mejor haz cosas de chicas.

Victoria colgó. Le pasó lo que a tantas mujeres: se ofrecía a ayudar y, a cambio, recibía malas palabras. Se quedó con la amarga sensación, tan reconocible para ella, de que podía guardarse sus ideas porque molestaba que las tuviera.

El ingeniero, que no era mala persona, en el fondo no tenía intención de herir a su hermana, pero la frase le había salido del alma. Sin filtro. "Ya se le pasará", pensó. "Tampoco es para tanto".

Pero sí lo era. Y lo peor era que al ingeniero no se lo pareciera. Porque esas ideas, lejos de ser inocentes, simbolizaban los peores estereotipos de la sociedad. Aunque no tuvo tiempo de pensar mucho en ello porque, antes de que conciliase el sueño, una llamada le sacó del estado de sopor:

-No funciona. La simulación indica que el motor no aguantará hasta el cambio de ruedas. ¡Es demasiado peligroso!

La voz del jefe de mecánicos le sonó glacial, por mucho que le hablase de altas temperaturas. A esto, el ingeniero compuso una mueca: cayó en la cuenta de que el juego de palabras habría tenido más gracia si la situación no pusiese en riesgo las opciones de la escudería en el campeonato mundial. Colgó el teléfono pensando en cómo el dueño de la marca iba a despellejarle ante la prensa antes de despedirle. Conocía al tipo, era rencoroso, iba a asegurarse de que ningún equipo volviese a contratarle.

Al ingeniero le temblaban las manos. Estaba sudoroso. El cuello de la camisa le apretaba más que nunca. Entonces, en una de esas corazonadas difíciles de explicar, recibió una llamada de su madre:

-Mamá, no es buen momento...

-¿Por qué, hijo? ¿Estás mal?

-No lo entenderías.

La voz de su madre, en contraste con la suya, era redonda. En ella no había aristas ni nada que cortase. Era un universo de suavidad, revestida con el aroma a jazmín de la almohada de su cama cuando era niño. En un mundo devastado, solo el tono de su madre ponía paz al desorden.

-A mí puedes contármelo, siempre voy a estar de tu parte...

Pero el ingeniero se mantuvo firme. "Tiene buenas intenciones, pero no entendería la gravedad de la situación", se dijo para justificarse.

Pasó un par de horas tratando de dar con una solución mágica. ¡Algo había que se le escapaba! Se dijo a sí mismo que no estaba centrado, que bastaba con apartar las ideas confusas para dar con ello. "¿Y si desviamos el cableado de la unidad de potencia?". La idea no era nueva, la había descartado desde el principio porque la arquitectura del motor la hacía imposible, mas ahora se le ocurría un modo diferente de hacerlo. Era una solución estrambótica a simple vista... ¡pero eficiente! Sin duda, un golpe de timón desesperado, pero brillante. Fue corriendo a su ordenador, tecleó un correo con las instrucciones para los mecánicos, confiando en que tuviesen tiempo de desmontar el motor y parchear el entramado de cables.

Volvió a echarse en el sillón de su estudio. Debía descansar la mente. "Pero ya ha pasado", se dijo. Rió con ganas, liberó la tensión. ¡Solo él sabía lo que había sufrido! Cerró los ojos y se quedó dormido. Una. Dos horas. Tal vez tres.

El sonido del móvil le despertó. La pantalla le mostró un mensaje cruel: "No ha funcionado".

Ahora sí, estaba todo perdido. "No ha funcionado. No ha funcionado. No ha funcionado...", se autoflagelaba. Ya no le quedaban recursos. Encendió el equipo de música. Sonó el Réquiem de Mozart, la única música capaz de existir en aquella agonía.

El ingeniero contuvo el aliento una vez más. "Ahora una legión de abogados estará redactando mi carta de despido", se resignó a la evidencia. Y, rendido, cayó de rodillas en el suelo, rogando a la Divinidad:

-Dios, ¿por qué me haces esto?

Las palabras fueron ahogadas por el Réquiem, se sentía desamparado. Entonces volvió a sonar el teléfono. Vio el número. De nuevo, su hermana. El ingeniero, agobiado, no quiso responder a la llamada. Se quedó mirando el terminal, viéndolo vibrar, hasta que dejó de sonar.

Estuvo abatido por tiempo indefinido. Pasó la noche y, al día siguiente, presentó su renuncia al puesto como jefe de ingenieros por correo electrónico. Así, al menos, se ahorraría la ignominia de ser despedido.

-¡Dios! -clamó, de nuevo, afligido-. ¿Por qué me has abandonado?

En ese momento se detuvo el tiempo y la Divinidad le respondió:

-No te he abandonado, hijo mío. Te he acompañado desde el principio.

-Entonces, ¿por qué no me has ayudado?

La Divinidad aguardó unos instantes antes de volver a hablarle. Luego, le dijo:

-Te envié ayuda tres veces. Y tres veces la rechazaste. Primero acudió a tu rescate tu hermana: en su mente privilegiada se hallaba la respuesta a tu problema de ingeniería.

El ingeniero, entristecido, comprendió lo estúpido que había sido por no quererla escuchar.

-Si me lo hubiese sugerido un hombre le habría escuchado... -reconoció con lágrimas en los ojos-. ¡Qué tonto fui!

-Después te envié a tu madre, quien te habría sabido escuchar y cuyo consejo te hubiese llevado a dar con la respuesta que necesitabas.

El ingeniero, cabizbajo, se dio cuenta de que nunca escuchaba a su madre porque, sabiéndola mujer, mayor y con pocos estudios, ni se le pasó por la cabeza que tuviera algo que enseñarle. Como hombre, como hijo, se moría de vergüenza por sus absurdos prejuicios.

-Pero, como eres una buena persona, te di una tercera oportunidad.

-¿Cuál, Señor? No la vi...

-Esa última llamada, la que no quisiste atender, era tu camino hacia la solución. Tu hermana, quien se preocupó por ti pese a tu desprecio, volvió a acudir a tu rescate. Pero tu orgullo te cegó.

El ingeniero tragó saliva. Nunca se había percibido a sí mismo como un hombre machista. Tenía buenos modales, jamás entraba en conflictos con nadie, especialmente con mujeres. Comprendió, para su devastación, que era en los pequeños detalles donde afloraba su concepción masculina del mundo. No era algo que hiciese a propósito, simplemente sucedía con carta de naturalidad. Fue como una revelación: lo femenino también existía.

-¡Qué equivocado estaba! -suplicó-. ¡Perdóname, Dios!

-¿"Dios"? -le preguntó la Divinidad-. ¿Cómo sabes si no soy "Diosa"?

Dice la canción que "este es un mundo de hombres". Y, por desgracia, esta circunstancia aún no se ha superado. Es cierto también que se han dado pasos esperanzadores, especialmente en las últimas décadas, pero queda muchísimo por hacer. Espero que mi generación pueda ver un día que todas las personas gozan de las mismas oportunidades en un mundo justo, una responsabilidad que es de todos y que no podemos dejar en manos de los políticos: cada uno de nosotros debe involucrarse activamente, en la medida de sus posibilidades, para erradicar el machismo.

La Marie Curie española es una niña gitana vendiendo bragas en un mercadillo, quien jamás irá a la escuela.

Dudo, el gorrión que leía filosofía, se cubrió con las hojas verdes y aserradas de la morera. Protegido por el árbol, se reconoció en el relato que acababa de escuchar. Era un pajarito educado, sensible, preocupado por su relación con los seres que pueblan el mundo y, pese a eso, jamás había percibido como un problema su visión masculina de las cosas.

Estaba convencido de que cultivaba la virtud, de que su forma de actuar era tan noble como se le podía exigir a un gorrión, pero ahora se daba cuenta de lo muy equivocado que estaba. Todo, por actuar de manera rutinaria, por no saber ponerse en las plumas de otras aves para pensar.

Entendió, desde la alta morera, la historia del señor conejo: el ingeniero del cuento podía ser él mismo. Estaba tan acostumbrado a leer sus libros escolares, sin reflexionar, que nunca había tomado distancia de ellos. Los veía como portadores de verdades objetivas. Del mismo modo, jamás había reparado en la ausencia de mujeres que los caracterizaba.

Llegó a la triste conclusión de que, simplemente, habían sido silenciadas. ¡Borradas de la historia! Se preguntó, con tristeza, cuántas mentes brillantes se invisibilizaron porque nacieron niña. Llegó a la conclusión de que, con excepción de algunos lugares privilegiados, la brecha del reconocimiento entre sexos seguía siendo grande e injustificable. Aspasia de Mileto, en la página 209 de su libro de filosofía, iba a darle cuenta de esta tragedia.

ASPASIA DE MILETO

FILOSOFÍA PARA AVES, pág. 209.

ASPASIA DE MILETO [470 a.C.-400 a.C.]

La filósofa Aspasia (cuyo nombre significa “La bella bienvenida”) vivió entre los años 470 a.C. y 400 a.C.

Su padre, Axíoco, fue un hombre muy adinerado, pero es más conocida por haber estado unida al político Pericles. ¿No te parece esto una contradicción? En lugar de hacer su biografía repasando sus méritos, ¡lo hemos hecho mediante su relación con los hombres! Esto no es casual. Se trata de un guiño para que te formes una idea de las dificultades que tuvo que superar la primera filósofa de la que se tienen registros históricos. ¿Te imaginas cómo percibiríamos la historia si las biografías masculinas se escribiesen desde la perspectiva de sus esposas?

Todas las aves deben saber que nació en Mileto (la actual Turquía), lo que fue una feliz casualidad para ella, pues en las ciudades jonias era común que niños y niñas acudiesen a la escuela pública, donde recibían una educación similar.

De Aspasia suele remarcarse su fascinante atractivo, pues sus cabellos rubios no dejaron indiferentes a las mentes más ilustres de Grecia. Dicen que también sabía entonar su voz con gran expresividad, consiguiendo que destacase por melodiosa. ¡Pero reducir a Aspasia a sus encantos físicos constituye un gran error histórico! ¡No contribuyamos a la invisibilización de las filósofas, que tanto aportaron!

Desde muy joven se familiarizó con los textos pitagóricos, mediante los cuales aprendió la teoría de que el cosmos es número y armonía. Esto, además de su brillante intelecto, unido a su exquisita formación en poesía y en filosofía, hizo que su mente se expandiera. Fue maestra de retórica y logógrafa, ¿cómo esa mente se habría podido resistir al hechizo de la populosa Atenas? Allí se daban cita los grandes pensadores de su época, por lo que no debe resultarnos extraño que Aspasia se trasladase a la capital del Ática.

Sobre la vida de Aspasia en Atenas tenemos pocos datos fiables, pues en su mayoría proceden de escritores satíricos. El más relevante es que fue hetaira (una suerte de cortesana al estilo de las geishas japonesas) y que regentó el burdel más popular de la ciudad.

Al principio, siendo forastera en Atenas, llamó la atención por su escultural belleza, mas pronto se ganó merecido prestigio de mujer talentosa con las palabras. Por ello, no tardó en formar parte del más selecto círculo de pensadores, forjando amistad con personas ilustres como el filósofo Sócrates, el tragediógrafo Eurípides, el escultor Fidias o el militar Alcibíades. Sin embargo, su relación más notable fue con el político Pericles, quien gobernó Atenas con puño de hierro. Los conocimientos de Aspasia en materia amorosa eran muy profundos, por lo que el ateniense repudió a su esposa para vivir públicamente con ella. A partir de entonces, la casa de Pericles se convirtió en el epicentro de las reuniones de filósofos y de artistas en Atenas.

¿Cómo expresar la influencia de Aspasia en la gran ciudad del Mediterráneo? ¡Y en su momento de mayor esplendor, cuando impulsó la cultura de Occidente como jamás se había hecho y nunca ha vuelto a suceder! Es difícil de cuantificar el peso de la filósofa en la evolución de la ciudad porque, por desgracia, sus acciones fueron distorsionadas intencionadamente. "¿Por qué?", te preguntarás. Pues porque, para atacar a Pericles, sus rivales políticos difamaban a su amante. ¡Qué difícil es emitir un juicio histórico sobre esta pareja! Lo que sí parece evidente es que Aspasia escribió algunos de los mejores discursos del político.

Su peso en la vida social de Atenas fue tan notable que, por lo que sostienen algunos académicos, se la considera instigadora de varias guerras. Sobre esto se dice que dio el empuje definitivo a la guerra contra Samos (no le faltaban razones, pues esta ciudad había destruido su Mileto natal) y, también, contra Megara, lo que ocasionó la funesta Guerra del Peloponeso, que acabó arruinando a Atenas. Pero, ¿podemos estar seguros de esto? Es plausible que se trate de opiniones malintencionadas con el propósito de desprestigiar a Pericles, dando a entender que dejaba los asuntos de la ciudad en manos de una extranjera.

Aspasia también tuvo importantes enemigos. Tanto es así, que fue formalmente acusada de impiedad. ¡El mismo delito por el que fue ejecutado Sócrates! La diferencia entre ambos es que, en el caso de la filósofa, Pericles movió sus hilos y consiguió que el veredicto de los jueces fuese de inocencia. ¡Y no solo para esto usó Pericles su influencia! Contravino las leyes que él mismo había impulsado y se casó con ella, concibiendo la pensadora un hijo. Su nombre, ¡no podía ser otro!, fue Pericles el Joven, destacando como militar hasta que fue ejecutado tras la batalla de Arginusas.

¿Sabes? Podría pensarse que Aspasia habría perdido su notable influencia en el devenir de Atenas al morir Pericles, pero se casó con un comerciante muy rico al que enseñó oratoria y siguió presente en la vida pública, aunque en un plano menos presencial.

El final de sus días es muy ilustrativo. Muerto su segundo esposo se retiró de la vida pública, pero transmitió sus enseñanzas a un grupo de jóvenes alumnas que siguió la senda intelectual de su mentora.

La historia no ha hecho justicia a los méritos intelectuales de Aspasia. Hubo, en tiempos del emperador Justiniano, un acercamiento a su obra, pues los avances científicos que legó en el campo de la obstetricia fueron muy apreciados. Pero su memoria siempre ha estado vinculada a los prejuicios que la acompañaron en Atenas: era mujer, era culta, se dejaba guiar por su propia moral y, además, era extranjera.

CAPÍTULO XI

-"¿"DIOS"? -le preguntó la Divinidad-. ¿Cómo sabes si no soy "Diosa"?" -finalizó su emotivo cuento el señor conejo.

Las reacciones no se hicieron esperar. El gigante de piedra no estaba conforme con el fondo de la cuestión, pues su naturaleza rígida le impedía aceptar que el ingeniero recibiese una oportunidad tras otra para cambiar de opinión.

-¿Qué sucede, oh poderoso gigante? -le preguntó el señor conejo.

-El ingeniero tiene lo que se merece -dijo el coloso-. ¡En la calle, sin trabajo y sin familia!

-¡No! -clamó el señor conejo-. ¡Está aprendiendo! ¡Tendrá otra oportunidad!

"¡Como ella!", hubiese querido añadir, refiriéndose a la jovencita. Pero el coloso estaba obcecado:

-¡Su maldad le condena!

-¡No! -insistió el señor conejo-. ¡El aprendizaje de lo que está bien le salva!

-El que nace malo, malo se queda -se dispuso a argumentar el gigante de piedra-. La maldad existe, lo mismo que podemos hablar de la bondad o del cielo sobre nuestras cabezas. ¡Es inútil pretender que de una mente corrupta nazcan buenas intenciones! ¿Por qué, entonces, esa misma mente se va a dejar persuadir para hacer el bien? ¡Lo hará solo si no le queda más remedio! ¡Y la conveniencia no está emparentada con la moral!

Abril, con la espalda apoyada en la madera castaña de un cerezo, se dio por aludida.

-Quien actúa mal a sabiendas lo hace... porque desconoce el bien -replicó el señor conejo-. Mira, por ejemplo, a la chica. De haber sabido que su música haría daño a tus hijos, nunca habría tocado el violín en el bosque. Y ahora, instruida, su bondad reluce como el sol brilla en la corteza de este cerezo.

Entonces, mientras miraban el árbol y hablaban, un viento inspirado se adueñó del claro, levantando la hojarasca con el arrullo de su música para dispersarla a su antojo.

-¿Es un debate cerrado o puedo participar? -inquirió el viento inspirado-. Vengo de lejos, viajo solo, echo de menos una buena conversación.

-¡Calla, aire entrometido, aquí nadie te ha llamado!

El gigante de piedra mostró su disconformidad. En primer lugar, porque el recién llegado había interrumpido su discurso; en segundo lugar, avergonzado, porque el secreto de sus actos estaba teniendo cada vez más testigos.

-A mí me gusta sentir el viento en el rostro -dijo una conciliadora Abril-. Cuando pienso demasiado, el fresquito en la cara me hace bien.

Al coloso no le gustó un pelo el razonamiento de la adolescente. Le desagradó porque, de tan simple y sincero, no lo podía refutar. Viendo que se estaba poniendo nervioso, el señor conejo tomó partido por ella con sutileza:

-¡Qué inocente es la chica, oh poderoso gigante! ¡Pues no es capaz de apreciar la agradable privacidad de nuestra conversación!

El coloso miró al campeón de Abril sin acabar de entender lo que pretendía, pero por el tono que empleó parecía sumiso ante su demanda. Entonces, con una inflexión de voz, este dio un giro radical a su planteamiento:

-Mas, pensándolo mejor, ¿qué más da que el viento se haga eco de nuestras palabras? -abrió brecha el señor conejo-. Los argumentos que teje una adolescente son ligeros, no pueden oponerse a las sólidas ideas de una montaña que camina. Pero, si prefieres que sigamos en privado, nadie dirá que flaqueaste y tuviste miedo…

La zalamería no fue dicha en balde, entró en la mente de su interlocutor limpia y brillante, como el guante poderoso de un boxeador. El gigante de piedra, aturdido por la semántica, se dejó llevar.

-Está bien -claudicó-. Pero...

No pudo acabar la frase, el viento inspirado tomó la palabra por su cuenta.

-Estáis discutiendo sobre si se puede cambiar, ¿verdad? Yo sé mucho de eso -empezó a decir con voz muy débil, haciéndose esta más presente conforme las palabras envolvían a sus interlocutores.

-Será por eso que suele decirse que "las palabras se las lleva el viento"... -razonó Abril, pareciéndole la ocurrencia muy graciosa al señor conejo.

-La solidez en la argumentación está sobrevalorada -comenzó a decir el viento inspirado-. Nunca la flexibilidad en la opinión ha creado conflictos ni desencadenado guerras. Pero los que se creen en posesión de la verdad... ¡Ay, cuidado con ellos!

-¡En algo habrá que creer, digo yo! -bramó el coloso-. ¡No podemos estar dudando continuamente!

-Entonces, ¡oh, poderoso gigante!, viendo cómo habla esta joven, ¿quién puede dudar sobre la bondad que habita en ella? -tomó ventaja en la discusión el señor conejo, llevándole a su terreno.

El gigante de piedra compuso una mirada de odio contenido. El debate se le estaba yendo de las manos y, aunque el salvador de la chica no podía rivalizar con él en una pelea, le estaba vapuleando con las palabras. El viento inspirado seguía allí, dicharachero y curioso, ligero y encantador, fascinante y fascinado por la conversación.

-Mírala, montaña que camina. ¡No la mates sin antes observarla bien! Lo que vas a hacer será tu particular obra de arte o, a ojos de los demás, te hundirá en el infierno. ¿Cómo te recordarán?

El atrevimiento del señor conejo pasaba los límites que imponía la sensatez. Abril, quien se dio cuenta, salió en su defensa:

-¡Qué valientes son los amigos cuando nos ven en peligro! A veces, demasiado. Pero tú lo comprendes, gigante...

-¿Qué quieres decir, asesina? -se revolvió airado el coloso.

El viento inspirado dejó de tocar, lo que por un momento causó que las hojas que caían de los árboles se dispersasen y no formasen los acostumbrados montoncitos. Entonces, se dirigió al coloso con estas palabras:

-Que tú harías lo mismo por un ser querido. Quiere decir que no importa si somos débiles o poderosos porque, cuando nuestros seres queridos peligran, lo mejor de nosotros sale en su defensa... ¡Qué pena, que yo siempre esté de paso y no tenga seres queridos!

-¿Qué sabréis vosotros? -fue la respuesta contrariada del gigante de piedra-.

¿Quién os ha matado a los hijos para que tengáis derecho a decir eso?

Enmudecieron. El viento inspirado, la chica y el locuaz señor conejo. Hasta Dudo, cuyo corazón latió tan despacio que costaba distinguirlo del sonido de las flores al abrirse.

Pasó un buen rato y, pese a la necesidad que tenían de hablar, no les salían las palabras. El coloso, desesperado, pateó el terreno próximo al gran cerezo. Dudo, el alma encogida, protegió su libro de filosofía con el pecho.

-¿Qué sabe nadie?

La pregunta del padre vengador quedó suspendida en el claro. Oprimía cualquier intento por respirar más fuerte, silenciaba el batir de las alas de las mariposas. El gigante de piedra, solemne entre la hojarasca desperdigada, era una mole recortada al ocaso cuyas piernas se enraizaban en la tierra.

En la eternidad de aquel instante solo se movieron las sombras, pues la mañana había cedido su lugar a la tarde y la noche, portadora de esperanza, tuvo curiosidad por lo que estaba pasando.

-Estoy dispuesta a morir -dijo Abril, dirigiéndose al coloso-. Pero matarme no te va a servir de nada si continúas aferrándote a tu ira.

El gigante de piedra siguió sin decir nada, se limitó a cerrar los ojos. Suspiró.

-¡Aún no es tarde para que aprendas a perdonar, gigante! -el señor conejo se unió al ruego de la chica.

-¡Lo que está hecho no se puede cambiar! -se defendió el coloso.

-¡Ahora o nunca! -le apremió el viento inspirado-. ¡No renuncies a tu buena naturaleza por un envite cruel! ¡Aprende, gigante! ¡Aprende!

La copa del cerezo se agitó, pues el viento inspirado estaba inquieto. A su vez, el gigante de piedra dudó. Su mente, pese al dolor de su pérdida, se estaba rindiendo a los argumentos que le ofrecían. Se tambaleó, el orgullo se le desmoronaba como una torre partida por un rayo.

-¿Y si trato de olvidar y no puedo?

El señor conejo se acercó a él con un buen consejo:

-Es que no debes olvidar, montaña que camina -le dijo-. Olvidar es como esconder algo, no resuelve los problemas. Puedes llegarte a creer que se ha resuelto y, de pronto... ¡zás! ¡El dolor reaparece! ¡Y más fuerte!

-¿Entonces?

-Lo único que puede hacerse es aprender a vivir con ello. Ir tomando distancia. Encontrar en tu interior el perdón para los que te han hecho daño... que es el tipo de perdón que necesitas para hacer las paces contigo mismo.

-Si la mato, vengo a mis hijos...

-¡Pero pierden a su padre para ganar un monstruo! -arguyó el salvador de la chica.

-Si la dejo vivir, ofenderé la memoria de mis retoños...

El dilema gobernó el claro, no era fácil dar una respuesta precisa.

-¡Tengo una historia interesante! -interrumpió el señor conejo-. ¡Una que aún no te he contado!

-¡Ya basta de historias!

El coloso no parecía dispuesto a escuchar, por lo que el salvador de la adolescente volvió a hacer gala de su atrevimiento:

-"Érase una vez una princesa a la que su padre, un rey con ideas antiguas, quería casar".

El coloso, aún enredado en su red de inseguridades, asintió a la propuesta del señor conejo. Fue una buena señal para su interlocutor y Dudo, el gorrión que leía filosofía, siguió la escena atentamente desde lo alto del cerezo. Su libro quedó abierto por la página 278, desde donde el filósofo Sócrates hablaba a las aves de las cosas importantes en la vida.

-LAS ZAPATILLAS DE LA PRINCESA-

Cuando se me ocurrió este cuento estaba, abatido por el aburrimiento, en una cafetería de Barcelona. Muy concurrida, en una zona turística. De pronto, una chica "armada" con un saxofón se puso a tocar. ¡Me alegró el corazón! Su talento, su conocimiento de la música, fue como el amanecer tras una noche amarga. Entonces me vino la idea ventral de este cuento: el Bien no va de la mano del azar, nos guía un saber de lo que es bueno y de lo que está mal.

Érase una vez una princesa a la que su padre, un rey con ideas antiguas, quería casar. La princesa Margarita, que así se llamaba, no estaba por la labor: quería mantener a salvo su independencia. Jamás aceptaría que la casasen; si había de entregarse a alguien, lo haría por sí misma.

Porque la princesa, por mucho que las voces de palacio tratasen de dirigir su camino, era un corazón libre. ¿Por qué casarse? ¿Por qué hacerlo con un hombre? Eran preguntas cuya respuesta, al final, convergían en una sola: "porque otras princesas lo han hecho antes que tú".

No le faltaban pretendientes. Guapos y arrogantes, príncipes de reinos poderosos, muy ricos. Precisamente el perfil de pareja con quien Margarita no estaba dispuesta a compartir el resto de su vida. Porque a la princesa, acostumbrada a pensar por sí misma, le gustaba la compañía de otro tipo de personas.

Cuando llegó el invierno, su padre se puso muy pesado con la idea de casarla:

-Siempre que se haga bajo mis reglas –respondió Margarita.

Y el rey, contento porque su hija por fin entraba en razón, consintió. "A ver si así me da un nieto y el reino queda en buenas manos", pensó, sin caer en la cuenta de que ella tenía inteligencia y formación para reinar.

Lo que tampoco sabía el monarca es que su hija se iba a encargar de las pruebas que deberían pasar los pretendientes. Para colmo, estas serían de carácter abierto: cualquier persona podría presentarse. Hombre o mujer. Esto causó gran revuelo en el reino, pero la princesa no estaba dispuesta a dejarse manipular. Se salió con la suya.

Hubo, durante semanas, centenares de personas que se apuntaron a probar suerte. La mayoría fueron descartadas porque no fueron capaces de pasar unas mínimas pruebas de ingenio: Margarita se negaba en redondo a casarse con alguien que la aburriera. Y las huellas de los pretendientes fallidos, bajo la nevada, se multiplicaban. Hasta que, finalmente, quedaron cuatro aspirantes.

El primero era un príncipe, Attis de Molonia, tan rico como pagado de sí mismo. Una de esas personas que no saludaba porque, para él, "eso era rebajarse".

El segundo pretendiente era una mujer: Baldiria de la casa de Fuentes. Una armera seria y distante, alejada de las pasiones humanas.

El tercero, Igor, afamado deportista. En los bíceps del fortachón se expresaba su visión de la vida: esfuerzo. Para él, los demás valían poco porque, aunque podrían haberlo hecho, no se esforzaban. Su modo de entender la existencia era la competición. En su mundo solo había un ganador (él) y una masa de perdedores.

Finalmente, había un cuarto candidato, Federico. Un joven estudiante, de familia humilde, que no tenía más que sus libros y la franqueza de su sonrisa.

Cuando llegó el día de la prueba final todos lucieron sus mejores galas. Todos, menos Federico, quien vestía una camisa que había pertenecido a su padre. No porque careciese de sentido de la elegancia... ¡es que no se podía permitir comprar ropas nuevas! El día era muy frío. Tanto, que las damas de la corte se cubrían el cuello con bonitas bufandas de terciopelo.

-Habéis pasado las pruebas de ingenio, os felicito –dijo la princesa-. Pero antes de que compitáis entre vosotros me gustaría satisfacer mi curiosidad, si os parece bien.

Los pretendientes asintieron.

-¿Por qué os queréis casar conmigo?

Attis de Molonia, como era natural en él, se adelantó a los demás:

-Porque uniremos nuestros reinos y seremos la nación más poderosa. Todos se inclinarán ante tu belleza... y ante mi voluntad.

Baldiria, de la casa de Fuentes, fue la segunda en hablar:

-Porque tu padre financiará mi nueva armería.

En cuanto a Igor, se miró en un espejo y disfrutó viendo sus músculos mientras decía:

-Porque todos me tendrán envidia.

La princesa estaba complacida por la sinceridad de sus pretendientes, pero fue consciente de que nunca les amaría. Sin embargo, quedaba por hablar el joven estudiante. Margarita tuvo que pedir a los demás que bajasen la voz, pues Federico les parecía tan poca cosa que no les salía del alma la necesidad de escucharle.

-Yo me quiero casar contigo porque he oído decir que solo te casarás con la persona que tú quieras –expuso sonriendo-. ¿Qué más puedo pedirle a la vida? ¡Amor verdadero!

Margarita, sorprendida, tuvo claro, en ese momento, a quién pertenecía su corazón. Pero faltaba que Federico superase la cuarta prueba. Y no iba a ser nada fácil.

-Debéis traerme mis zapatillas. Están en mi habitación.

-¿Solo eso? –preguntó Igor.

-Nada más –indicó la princesa-. Traedlas y ganaréis mi corazón.

En realidad esto último sobraba, pues el corazón de Margarita ya tenía dueño. Tampoco hizo falta mucho más. Los pretendientes se lanzaron a la carrera. Con el frío que hacía parecían dragones al respirar: el vaho que exhalaban recordaba al fuego con el que identificamos a estas bestias. Recorrieron las salas del castillo a toda prisa, buscando la habitación de la princesa.

El primero en llegar fue Igor. Estaba acostumbrado a las competiciones deportivas. Le llamó la atención, cuando entró en la habitación de Margarita, el encontrar las zapatillas tiradas junto a la cama, llenas de polvo. "Poco ordenada, para ser una princesa", pensó. Las cogió. Salió a toda prisa. Justo a tiempo para cruzarse con Baldiria, quien entraba.

La armera encontró, bajo una cómoda, otro par de zapatillas en las mismas condiciones que su predecesor. "En cuanto nos casemos va a tener que aprender a guardar bien sus cosas", reflexionó. Y salió de la habitación a toda prisa.

El tercero en llegar, Attis de Molonia, se dolía de una rodilla. Igor le había zancadilleado. Sus planes de unificar los reinos iban a quedar en nada pero, al menos, salvaría su dignidad. Encontró un par de zapatillas bajo una mesa y, aunque estaban tan polvorientas que no le apetecía tocarlas, se hizo con él.

Llegó último a la habitación el joven estudiante. Federico, buscando las zapatillas, encontró un cuarto par junto a un cesto de ropa sucia. Estaban en el mismo estado que las anteriores, ¡cualquiera diría que pertenecían a una pordiosera!

Al acabar la prueba, formando ante la princesa, los pretendientes entregaron las zapatillas tal y como se les había encomendado. El primero en hacerlo fue Attis de Molonia, cuyo rostro reflejaba su frustración:

-Has sido un competidor noble, Attis, pero otros lo consiguieron antes que tú. ¿Cómo podría entregarte mi corazón sin faltar a mi palabra?

El aristócrata hizo una reverencia, aceptando la derrota. A continuación, la princesa se dirigió a Baldiria, de la casa de Fuentes, con similar argumento.

-Estuve cerca de conseguirlo –reconoció la armera-. Solo me faltó un poco de suerte.

Entonces, recibiendo el ganador el aplauso de los presentes, Margarita dijo a Igor:

-No actuaste con nobleza, pero es indiscutible que has sido el primero en traerme las zapatillas.

-Siempre gano –apostilló el deportista-. Consigo lo que quiero.

-No obstante, vamos a ver qué tiene que decir Federico, que aún no ha hablado.

Igor, Baldiria y Attis se echaron a reír. ¡El estudiante se había presentado con las manos vacías!

-¿Cómo quieres competir con alguien como yo? –le espetó el deportista.

-¿Cómo vas a triunfar donde yo he fracasado? –siguió la armera.

-¿Con qué derecho te atreves a retarme? –inquirió el noble.

Todos se burlaron de él. Se rieron, también, al ver que tenía las manos sucias.

-¡El pordiosero quería casarse con una princesa! –se mofó Attis, siendo el comentario muy celebrado por los presentes.

La princesa, entristecida, calló. Su favorito estaba siendo humillado. Hasta que el joven campesino habló:

-He pensado que tus pies estarían fríos, princesa...

Federico se abrió la camisa. ¡Había guardado las zapatillas contra su pecho, para calentarlas! Se las entregó a Margarita, quien las recibió con una sonrisa:

-¡Y las has limpiado de polvo! –la princesa lo comprendió todo-. ¡Por eso te has presentado con las manos sucias!

Se casaron esa misma semana.

El conocimiento es la llave del cofre del Bien. Quien hace el esfuerzo de estudiar pone su mente en contacto con las necesidades de las demás personas. Consigue, como el joven estudiante del cuento, dar un valor añadido a lo que hace.

A Dudo, el gorrión que leía filosofía, el cuento del señor conejo le supo a gloria. Desde que salió del cascarón confió en sus libros para hacer lo que es debido, en la convicción de que ser un gorrión instruido le convertía, de facto, en un pajarito bueno.

Se sintió especialmente cómodo en la rama del cerezo. Aunque se tratase de una madera dura se había enamorado de sus bonitas flores, de colores cambiantes con las estaciones. ¡Y encontraba deliciosas las cerezas! ¡Que fácil era ser feliz cuando se conocían los truquitos de la vida!

Dudo, entre todas las historias, fue esta la que escuchó con mas atención. O, para ser justos, la que más disfrutó. Porque sentirse identificado en una historia con final feliz es una de las vivencias más hermosas que puedan experimentarse. Especialmente, si uno se llenaba la tripita de cerezas al hacerlo.

Sonriendo, se acomodó bien las gafas. Retomó la lectura de su libro, consciente del valor del aprendizaje. La página, la 278, no podría olvidarla nunca, pues presentaba una bonita ilustración con la efigie de Sócrates.

SÓCRATES DE ATENAS

FILOSOFÍA PARA AVES, pág. 278.

SÓCRATES DE ATENAS [470 a.C. 399 a.C.]

El filósofo Sócrates vivió entre los años 470 a.C. y 399 a.C. en la populosa ciudad de Atenas. Era hijo de un cantero llamado Sofronisco y de una comadrona, Fenáreta, emparentados con la nobleza, quienes le dieron la posibilidad de formarse en la educación tradicional griega: literatura, música y gimnasia. Luego, tras trabajar la piedra con cierto éxito, aprendió filosofía de la mano del filósofo Arquelao.

Suele decirse que de su matrimonio con Jantipa el filósofo solo obtuvo malos tratos por parte de esta, pero Platón, en sus obras, no lo menciona y, por el contrario, alude al matrimonio de su maestro en términos elogiosos.

Otro dato interesante de Sócrates es que destacó como soldado, pues era muy aguerrido, pero fue en el campo del pensamiento donde alcanzó gran fama. Sócrates tenía un modo de hacer filosofía, la mayéutica, que los académicos coinciden en vincular con su madre. El método se basaba en hacer preguntas y, a medida que su contertulio las iba contestando, este iba haciendo descubrimientos. A tal fin, Sócrates se ganó fama de gran discutidor en Atenas, siendo recogidas muchas de sus disputas dialécticas por su alumno Platón (quien, como todas las aves podrán suponer, escribió a favor de su maestro).

En los innumerables debates que originó, tocó los temas más profundos. La verdad, la belleza, el amor, la justicia... no escaparon a su curiosidad y, siempre, trató de poner a prueba a sus contertulios. Para que las aves lo entiendan: quería saber si sabían de lo que hablaban. A su vez, el pensador destacaba por la fina ironía de sus razonamientos.

Los temas de estudio de Sócrates fueron tan variados como capitales, siendo considerado el padre de disciplinas como la filosofía política o la ética, estudios que luego siguieron y ampliaron sus discípulos (especialmente Platón y el estudiante más reconocido de este, Aristóteles).

Entre las peculiaridades del cargado de hombros Sócrates, llama la atención que no dejase obra escrita. De hecho, presumía de no escribir. Dicen las malas lenguas que esto se debió a que, frustrado por su falta de talento como escritor de tragedias, arrojó su obra al fuego. Y, si te gustan las buenas historias, ¡dicen que esas tragedias eran magníficas! ¿Te imaginas que un día se encontrasen sus obras perdidas? Pero, para no faltar a la verdad, hay que recalcar que ha pasado a la historia como "el filósofo ágrafo".

Una forma de glosar la filosofía de Sócrates consiste en hacerse eco de sus teorías sobre el intelectualismo moral. Esto consiste en la identificación de la virtud con el conocimiento. Así, basta con conocer la virtud para sentir la necesidad de obrar bien.

Hay que entender la figura de Sócrates como la de un sabio apartado de ambiciones políticas. Pero esto no le sirvió para ganarse el aprecio de todos los atenienses, aunque por su extremada austeridad fuese considerado modelo de comportamiento. Por desgracia, los cabecillas de un golpe de Estado contra Atenas le acusaron de corromper a los jóvenes de la ciudad, ya que con sus razonamientos incitaba a la duda sobre las ideas tradicionalmente aceptadas por los griegos, pues dijeron que trataba de introducir nuevos dioses. En realidad, la acusación partía de la negativa del filósofo a posicionarse del lado de los golpistas.

El juicio de Sócrates fue un cúmulo de desgracias que desembocó en el asesinato del filósofo, pero antes de juzgar a los tribunales atenienses con dureza es preciso apuntar unas nociones de cómo funcionaba el código de leyes de la ciudad. Para que las aves lo sepan: el principal problema de los juzgados atenienses era la masificación. Por tanto, la prioridad de los legisladores era, más que hacer justicia, hacerla rápida. A tal efecto, el acusado tenía dos opciones: aceptar una pena muy leve o recurrir, exponiéndose a una segunda condena que acarreaba la muerte. Así, los tribunales griegos ahorraban mucho tiempo en recursos.

Como todas las aves podrán imaginarse, los amigos de Sócrates le pidieron que aceptase la pequeña condena. Una pena que, en el fondo, no tenía mayor importancia. Pero Sócrates, indignado, recurrió. Y perdió.

Escribió su alumno predilecto, Platón:

"Sócrates no obedeció y prefirió exponerse a los peores peligros antes de hacerse cómplice de acciones criminales"

Los amigos del filósofo fueron a visitarle, escribiéndose una de las páginas más tristes de la historia de la humanidad cuando Sócrates bebió la cicuta (un poderoso veneno). Y, para mayor misterio, se sabe que Platón no se contó entre los que fueron a despedirse de él. ¿Tú por qué crees que no fue?

-ÉPOCA: S. V-IV A.C.
-LUGAR DE NACIMIENTO: APOLONIA.
-OBRA DESTACADA: NO CONSTA QUE ESCRIBIESE.
-IDEA PRINCIPAL: EL CONOCIMIENTO LLEVA A LA VIRTUD.
SÓCRATES DE ATENAS

CAPÍTULO XII

-"¡Y las has limpiado de polvo! –la princesa lo comprendió todo-. ¡Por eso te has presentado con las manos sucias!".

El señor conejo, exhausto tras contar la historia, tomó resuello apoyándose en un imponente y longevo castaño. Aunque le gustaban los buenos relatos, llevaba todo el día hablando… Las mariposas aletearon más suavemente para no enturbiar el silencio.

-¿Qué he hecho yo para merecer esto? -bramó de pronto el coloso-. ¿A qué dios he ofendido para que su dedo acusador me atormente y me empuje hacia el abismo? ¿Qué ciudad he quemado para recibir este castigo?

El viento inspirado, viendo que la situación se ponía trascendente, sintió un repentino aburrimiento y se marchó sin despedirse.

-Ya volverá -acertó a decir el señor conejo.

Pero el gigante de piedra no estaba para esos menesteres. La obligación de vengar a sus hijos seguía en sus pensamientos, mas no soportaba la idea de dañar a la chica. Su corazón de mineral estaba confuso. Le había llegado, tras la revelación, el momento de liberarse de las ataduras.

-¿Quieres que te cuente otra historia, oh poderoso gigante? -se ofreció el señor conejo, pensando en ganar tiempo.

-No hace falta, conejo -dijo el coloso entre susurros-. Debo obrar de acuerdo a mi naturaleza, no conforme a lo que se espera de mí.

El señor conejo entendió claramente el significado de esas palabras. El gigante, al fin, estaba en paz consigo mismo.

-Podríamos sentarnos y ver atardecer -sugirió Abril.

El razonamiento de la adolescente fue lo más sutil que se había oído aquel día. La silueta del gigante de piedra, el señor conejo y la joven sentados en el claro, recortada al sol que declinaba, armonizaba melancólicamente con el nuevo tañido de sus corazones. Las bóvedas y torres de una fortaleza medieval no podrían competir en solidez con el muro de paz que habían alzado en el claro.

Los rayos de sol siguieron dibujando diagonales con las sombras. Estas se deslizaban como esclavas liberadas, desbordaban los cauces que trazaba el dios del tiempo. Pasaron los minutos como caballos imperiosos; las horas, implacables, fueron cayendo en silencio.

-Se me está entumeciendo la mano... -observó el gigante de piedra.

Trataba de juguetear con el tallo de una margarita que crecía al pie del castaño, aunque la pérdida de sensibilidad en sus dedos acabó por desmenuzarlo.

-El momento se acerca... -insistió-. Pero, por fin, aunque anduve perdido, vuelvo a ser yo.

El señor conejo no dijo nada. Hubiese querido rechazar el silencio por ser silencio, decir algo mordaz como acostumbraba, mas se sorprendió a sí mismo fingiendo creer que no había oído nada. Cerró los ojos, hizo fuerza con la lengua en el paladar. Viéndole preocupado, el gigante de piedra esbozó una sonrisa:

-No disimules, conejo... Está bien que te salgas con la tuya. Ambos sabemos que llegará la noche y pondrá fin a esta disputa.

La contundencia de las palabras del coloso quebró la mascarada. El tono conciliador (casi paternal) con que las decía, estaba más cerca de una confesión que de hacer un pacto con un demonio.

-¿Cuánto rato hace que lo sabes? -inquirió el señor conejo.

-Bastante.

La palabra cayó como una palada de tierra sobre una tumba y, sin embargo, el señor conejo sintió que sus hombros habían sido liberados de una pesada carga.

-Lo siento - se sinceró el señor conejo a modo de disculpa-. Debía ganar tiempo para ayudar a Abril...

-Hacer lo correcto le llena a uno el alma de dudas, ¿verdad? -propuso el coloso.

El señor conejo dejó escapar una risita nerviosa.

-Sería maravilloso si las cosas fuesen solo blancas o negras -sentenció el gigante de piedra-. ¡Qué fácil sería hacer lo que es debido! ¡Podríamos ponernos una venda en los ojos y actuar como se espera de nosotros sin tener que estar pensando en lo que está bien y en lo que está mal!

Abril se abrazó al costado del gigante de piedra, haciéndose un ovillo. Este, frunciendo el ceño como si estuviese disgustado, ladeó la cabeza y lanzó un guiño cómplice al señor conejo. Ambos se sonrieron, pues el gesto pueril de la chiquilla estaba cargado de buenas intenciones.

-A veces es mejor crearse fama de tipo duro y superficial -dejó caer el señor conejo-. Así los demás no esperan nada de ti y, si tomas malas decisiones, no pasa nada.

-Yo ya estoy sentenciado -añadió el coloso.

Y así era. La tarde se había adueñado del terreno que perteneció a la mañana y estaba a punto de ceder al empuje de la noche.

-Cuando abras los ojos todo esto habrá pasado. Ya no importará -se sinceró el señor conejo.

-¿Crees que despertaré dentro de mil años?

-¿Por qué lo preguntas, gigante?

-Porque cada vez que despierto el mundo ha cambiado y mis recuerdos carecen de utilidad. La niña, tú mismo... seréis una estela vaporosa huyendo de mi memoria.

-Si no hubiese un mañana para ti o para mí, ¿importaría mucho? Nadie sabrá jamás nuestros nombres, no se preocuparán en rescatar el recuerdo de quiénes fuimos ni de lo que hicimos. Pero ella...

El señor conejo se quedó mirando a la adolescente, quien había cerrado los ojos y se acababa de quedar dormida. Por eso, el señor conejo y el gigante de piedra siguieron hablando en voz queda:

-Ella tiene la oportunidad de hacer algo con su vida.

-Así, viéndola dormir, aún me siento más culpable...

-¿Encontrará a alguien que la quiera? -desvió intencionadamente la conversación el señor conejo.

-Ni tú ni yo podemos saberlo, conejo. Pero creo que sí.

-¿Tendrá hijos?

-Niñas, preciosas como ella.

-¿Cómo lo sabes?

-No lo sé -confesó el coloso-. Pero estaría bien que un día sus hijas viniesen a este claro y se echasen una siesta justo donde ella está ahora. Es bueno que los hijos conozcan las mismas tierras que dieron forma a las vivencias de sus padres.

-¿Les recuerdas?

-¿A mis padres?

El gigante tragó saliva. Hacía milenios que no pensaba en ellos. Sus rostros se le habían extraviado en los senderos de la memoria, oscuros e imprecisos. Si se esforzaba mucho podía recordar la voz firme de su madre acurrucándole, pero a partir de ahí no había más. Estaba solo en el mundo, hasta los recuerdos le habían abandonado.

-Ha sido un día complicado para ella -dijo el señor conejo al percatarse de que el gigante lo estaba pasando mal.

-No le cojas cariño -observó el coloso.

El comentario, unas horas antes, habría llenado de angustia el corazón de su compañero. Pero el tono de voz era muy distinto, se trataba de una reflexión llena de ternura.

-Cuando salga del bosque se olvidará de nosotros. Para siempre -siguió diciendo el gigante de piedra-. Ha de hacerlo, para convertirse en una adulta.

-¿Y no se acordará de mí?

-Nunca.

El señor conejo sollozó. Estaba inquieto, angustiado. Sentía deseos de protegerla del mundo de los adultos, pero era consciente de que no debía hacerlo.

-Olvidará que los animales hablan, que existen los gigantes y las hadas, que hay fuentes fabulosas para entrar en otros mundos. Es lo que le pasa a los humanos al salir de la adolescencia. Pierden el contacto con la magia de las cosas.

-¿Y si voy a buscarla?

-Te cazarán. Para ellos solo eres una pieza de carne que se mueve. Caerás en una trampa, serás despellejado y te comerán. Olvídate de lo que ni es ni puede ser; eso es lo que es.

El señor conejo bajó la mirada. Se puso tan triste que Dudo, el gorrión que leía filosofía, se contagió de su pena en lo alto del castaño.

-¿Quieres oír una historia?

La pregunta del señor conejo llegó al corazón del gigante de piedra. Por primera vez no había subterfugios; le ofrecía lo mejor que podía entregar a un amigo.

-No esperaba otra cosa -respondió con sorna el coloso-. Al fin y al cabo tenemos todo el tiempo del mundo... Disfrutemos de un buen relato mientras los últimos rayos de sol calientan nuestra piel.

"Érase una vez, en una pequeña ciudad, que uno de sus habitantes llamaba la atención de los demás porque, aunque nunca había ganado un premio, se dispuso a redactar una novela para presentarla al concurso literario más prestigioso del año", empezó a narrar el señor conejo.

A Dudo, en el castaño, le saltó una lágrima. En su libro resaltaba la figura de Arístipo de Cirene y el gorrión intuyó, desde el corazón, que aquello no era casualidad. Un suave viento sacudía la copa del árbol.

-AMABLE ALONSO-

Una de mis aficiones consiste en leer biografías. Especialmente, noveladas. Disfruto al sentirme parte de la historia de esas personas que lucharon para conseguir realizar sus sueños. Dejar huella es salir de la oscuridad y, a mis ojos, la única forma de inmortalidad.

Perseguir los sueños es nunca abandonar la niñez. Solo con el corazón anclado en la playa de nuestra infancia tendremos el ánimo resuelto para enfrentarnos contra la rutina, el mal que nos pudre por dentro. Porque no es una circunstancia difícil la que suele alejarnos de nuestras ilusiones. Es, para mayor oprobio, la desidia de dejar pasar el tiempo. Esto suele estar hermanado con la falta de autoconfianza. Incluso, con el miedo a destacar, una variante perversa del temor al fracaso.

Estoy seguro de que pocos saben más de sobreponerse a estas sensaciones que el legendario ajedrecista Garry Kaspárov. Fue campeón del mundo teniéndolo todo en contra. Luchó, dando siempre la cara, contra el mundo entero. Cuando siento que voy a flaquear, cuando veo mis opciones de éxito lejanas, cuando todos dicen "prohibido soñar" hago mías las palabras que su madre le decía de niño: "Si tú no, ¿entonces quién?".

Érase una vez, en una pequeña ciudad, que uno de sus habitantes llamaba la atención de los demás porque, aunque nunca había ganado un premio, se dispuso a redactar una novela para presentarla al concurso literario más prestigioso del año. Era un hombre maduro, con pocos estudios, rondaba los sesenta y algo, y el día que anunció sus intenciones lo hizo, también para sorpresa de todos, pidiéndose la primera copa de vino de su vida, pues era abstemio convencido.

-Amable, ¿por qué no lo dejas estar? Estás a tiempo de olvidarte de esto.

Su mejor amigo, compañero de bar y de fábrica, estaba preocupado. Una cosa es que a Amable no le publicasen sus relatos y otra, muy distinta, era competir con los mejores escritores.

-Porque lo hago para disfrutar, Tobías –respondió-. No me importa el premio.

Los compañeros de bar, algunos hacían también sus pinitos como aficionados a la escritura, no entendían a Amable. La frustración de perder el tiempo emborronando papeles era difícilmente compatible con la acumulación de correos electrónicos con negativas de editores. Pensaban que escribir relatos cortos era un agradable pasatiempo, pero que escribir una novela, la prueba de fuego del escritor moderno, era someterse a los rigores de la crítica sin saber si llegarían a verla publicada.

-Demasiado trabajo, Amable –le decían-. ¡No lo intentes!

Pero ignoraban que el premio estaba en el propio redactado. Él intentaba convencerles, mas no había modo alguno de que entrasen en razón.

-No todas las novelas nacen para ser publicadas –afirmaba-. La mayoría, de hecho, nunca conocerá esa suerte. En cambio, el placer de escribir es como traer los colores al alma.

Y, día a día, noche tras noche, se dedicó plenamente a su novela. Al principio lo hizo con mucha energía, se sentía inspirado. Usaba tinta roja que, a su modo de sentir, era la sangre brotándole del corazón y dando cuerpo a las palabras. Se decía que había nacido para escribir y que, por fin, había hallado la obra a la que consagrarse.

-¿Sabes, Tobías? ¡He encontrado la razón de mi vida!

Su amigo, inquieto, se preguntó si Amable había perdido la cordura. Eso de escribir estaba bien como afición, pero no para ganarse la vida. Contaba con que, pasados los primeros días, entrase en razón y que, con el tiempo, recobrase la sensatez.

Semanas después, Amable conoció el rostro menos amable de la literatura. Las horas de duro esfuerzo se amontonaban; la montaña de hojas no crecía. Pese a eso, en lugar de flaquear, redobló sus esfuerzos.

Su rostro empezó a reflejar el cansancio. Las ojeras enmarcaron sus ojos y el pelo, que siempre había lucido un color negro azabache, tomó el aspecto de los tejados nevados de una aldea norteña. En el bar, sus compañeros asistieron incrédulos a los cambios que se operaron en su carácter: el abstemio Amable se había convertido en un sibarita amante de los buenos vinos.

-¡Déjalo ya! –le dijo en un arrebato de necesidad Tobías-. ¿Es que no ves que esto acabará contigo?

Nadie lo sabía, excepto su amigo, pero Amable había sido despedido del trabajo. Las reiteradas ausencias, ¡algo extrañísimo en un trabajador modélico que se aproximaba a la edad de jubilación!, no fueron pasadas por alto por su supervisor. Tobías, confuso, se fijó en que, además, llevaba ropa nueva.

-Amable, ¿estás seguro de que te puedes permitir estos lujos?

-No –aclaró-. No me lo puedo permitir, pero me gusta cómo me sienta. ¡Me inspira para estar alegre y escribir mejor!

-¡Si hasta te has comprado zapatos de marca!

-¡Y este reloj! –mostró, sonriente, Amable-. Así, cada vez que miro la hora, veo más cerca el momento de terminar mi novela.

Su amigo no sabía qué decir. El hombre sensato cuya amistad había cultivado durante cerca de sesenta años se había transformado en un desconocido. Y Amable, quien se alejaba de las rutinas del mismo modo entusiasmado que le hacía abrazar nuevos placeres, preguntó:

-¿Qué es lo mejor de la vida, Tobías?

Viendo en su faz los ojillos de un niño travieso, Tobías supo que no cambiaría de opinión: era feliz escribiendo. Y se quedaba corto: con el cambio de vida era más feliz de lo que jamás lo había sido.

-¡No tienes ni una oportunidad contra los escritores de verdad! –le espetó.

-¡Yo soy de verdad!

-¡Sabes de sobra lo que quiero decir!

En el bar, a las cinco de la tarde, unos viejos que jugaban al dominó seguían a lo suyo mientras, en el pequeño televisor encajado entre la pared y el techo, futbolistas y toreros llenaban de telarañas las horas muertas.

-Mi oportunidad no es ganar un premio, como tampoco un jardinero pierde la suya si un invierno frío le mata las flores: encontrará fuerzas en el amor por la naturaleza para seguir disfrutando de su pasión –razonó-. Escritores de verdad somos todos, Tobías. Cuantos escribimos, nos publiquen nuestras obras o estas pasen desapercibidas, somos escritores de verdad, pues amamos construir historias con letras.

Tobías estaba hecho un lío:

-¡Pero esto no está bien! ¡Has perdido el juicio!

-¡Pues me siento de maravilla! –se reafirmó-. ¡Soy joven otra vez! ¡Soy feliz! ¡Lloro, mientras escribo, de tanta felicidad que siento!

-¿Y el dinero que te estás gastando? ¡Vas a perderlo todo!

Amable, a sabiendas de que no habría explicación posible en este mundo que diese satisfacción a su querido amigo, alzó la copa por los años de amistad. ¡Rubricó la discusión dándole un abrazo rebosante de poesía!

Esta vivencia con Tobías fue el clímax de la única novela que escribió, antes de morir, el famoso Nobel de Literatura Amable Alonso.

El protagonista de este cuento es la cara opuesta de la persona que, ante la llegada inminente de la muerte, echa la vista atrás y no encuentra nada que merezca ser recordado. La vida humana es efímera, más aún si la examinamos sin los momentos de lucha por nuestros sueños. ¡Qué triste es rendirse a la rutina y caminar, como un zombi, sin una meta! ¡Y qué fácil, caer en esa trampa!

Nadie nos asegura el éxito, como sucede con Amable. Es más, la mayoría de voces dirán que los sueños son irrealizables. ¡Pero también era irrealizable el sueño que llevó a Schliemann a descubrir Troya siguiendo los versos de Homero!

Aquella historia hizo que Dudo, el joven gorrión que leía filosofía, pensase en los pájaros que más admiraba. ¡Hay tantas especies de aves que, de habérselo propuesto, podría haberlas recitado todas hasta la noche y, aún así, le faltarían muchas por nombrar! Se preguntó, muy curioso, qué tenían en común los pájaros más destacados.

En el castaño, a resguardo de las hojas aserradas, Dudo se sentía capaz de ser el gorrión que siempre había soñado. Era la concreción de un anhelo que llevaba muy dentro del pecho, entre ala y ala, orgulloso de poner un día a los de su especie como ejemplo a seguir para las demás aves. O, cuando era menos ambicioso, de poder ser gorrión sin que viniesen aves majestuosas a reprochárselo.

Al principio le costó sacar conclusiones. Había tantas especies de aves... ¡Imposible, fijarse en una cuyas cualidades destacasen por encima de las de las demás! ¿Qué era más digno de ser admirado, la garra depredadora del águila real o los ojos de la lechuza común? ¿La velocidad del picado del halcón peregrino o la resistencia del gaviotín del Ártico? ¿La belleza del ave del paraíso o la elegancia del flamenco?

En esos pensamientos se hallaba sumido, las gafitas en perfecto equilibrio sobre el pico, cuando, de pronto, una ráfaga de viento pasó las páginas de su libro hasta detenerse en la que presentaba al filósofo Arístipo. Y, como por encanto, una idea llegó clara a su mente al tiempo que se deleitaba picoteando castaña: los pájaros que más admiración merecen son los de su propia especie. Los humildes gorriones no necesitan cualidades extraordinarias para ser admirables: ¡su naturaleza alegre se expresa viéndolos revolotear!

ARÍSTIPO DE CIRENE

FILOSOFÍA PARA AVES, pág. 331.

ARÍSTIPO DE CIRENE [435 a.C.- 350 a.C.]

Toda ave bien educada tiene el deber de conocer a Arístipo de Cirene. El filósofo, nacido sobre el 435 a.C. y fallecido hacia el 350 a.C., fundó la escuela cirenaica, de corte hedonista, cuyo postulado esencial fue la identificación del Bien con el placer.

Formó parte del conjunto de discípulos que acompañó a Sócrates hasta el momento de su ejecución, regresando luego de la populosa Atenas a Cirene para ejercer de maestro de filosofía. Y es muy interesante que, siendo precisamente un seguidor de Sócrates, su pensamiento se vincule tanto al del gran rival del maestro, Protágoras. La cita protagórica "(...) el hombre es la medida de todas las cosas"... ¡parece inspirar el cultivo de los placeres individuales que caracterizó al de Cirene!

En un ambiente en el que la corriente filosófica imperante eran la concepción del mundo de las ideas y el valor de lo inmaterial, la voluptuosidad irrefrenable y la conducta provocadora de Arístipo soliviantaban a los filósofos que despreciaban las bondades de lo terrenal. El pensador estaba en contra del sistema de valores establecido en las ciudades griegas, se enfrentaba a un cuerpo de ideas arraigado en el modo de vivir de sus coetáneos.

¿Sabes? Arístipo escandalizaba a los griegos paseándose vestido de mujer y peleándose, revolcándose en la tierra, con perdices. Esas actitudes le granjearon la ira de los políticos conservadores, pero le hizo ser muy popular entre los clientes de los burdeles y los intelectuales más atrevidos. De hecho, debido a su rechazo frontal a la idea de colectividad, tuvo muy mala fama entre los griegos de la antigüedad, para los que el colectivo era la base de su supervivencia frente al enemigo exterior. Así, se supone que escribió abundantes obras, muchas de ellas de carácter frívolo y otras filosóficas, pero da la impresión de que no escaparon a su destrucción, ya que no nos ha llegado ninguna de ellas. Tan solo unas pocas cartas llevan su nombre, aunque los estudiosos consideran que son falsificaciones. ¿Será que "el sistema" siempre se impone?

Baste, para hacernos una idea de la controversia que generaba su carácter, una popular historia sobre su persona:

Cenaba el filósofo Diógenes lentejas cuando Arístipo, quien vivía confortablemente adulando al rey, le dijo:

-Si aprendieras a ser sumiso al rey, no tendrías que comer esa basura.

A lo que replicó Diógenes para pasmo de Arístipo:

-Si hubieses tú aprendido a comer lentejas, no tendrías que adular al rey.

¡Vaya dos personas, Arístipo y Diógenes! Fiel a sus pensamientos, reivindicaba el goce de la sensualidad como una forma de vida. En sus paseos por el ágora, la plaza pública y asamblea de la ciudad, Arístipo acostumbraba a ir perfumado, una costumbre poco apreciada por los varones griegos, quienes la encontraban femenina.

Sus frecuentes visitas a los prostíbulos no pasaban desapercibidas entre el grupo de intelectuales que frecuentaba, recibiendo continuos reproches por esta afición. Ante tales críticas, pasó a la posteridad su icónica respuesta:

"Lo malo no es entrar en un burdel; lo malo es no saber salir"

Esta frase, más allá del humor que demuestra, encierra la clave rigurosa de su pensamiento: el autocontrol de los placeres. Porque el filósofo es claro en su posicionamiento a favor del disfrute de los placeres carnales, mas es igualmente tajante con la necesidad de no dejarse arrastrar por ellos. ¡Articula un sistema moral basado en el control de los placeres! La conciencia es el eje en el que se mueven sus ideas con respecto al placer: solo se encuentra placer en la libertad, fundamentándose esta en el dominio del propio cuerpo. En una hipotética elección entre libertad o placer, Arístipo siempre se decantaría por la libertad.

"El verdadero éxtasis no consiste en ser abrasado por los placeres,
sino en ser calentado por ellos"

Esto constituye un acercamiento a las ideas de su maestro, Sócrates, pues la inteligencia actúa como moderadora de las pasiones. Pero hay una diferencia radical: el cultivo de esta virtud no se fundamenta en su idílica existencia, sino que es un mero instrumento para el goce personal. Esta inteligencia propuesta por Arístipo servirá para distinguir la naturaleza de los placeres, diferenciando entre los sensuales y los intelectuales, los egoístas y los desinteresados, los mezclados y los puros.

Para ello es necesario prescindir de todo condicionamiento social. Las presiones externas solo hacen que distraernos de nuestros apetitos y, si cedemos a su empuje, nunca encontraremos satisfacción.

En este sentido no tiene relevancia de dónde proceda la fuente del placer, bien sea de actos físicos o intelectuales. Solo importa que nos conduzca a la felicidad.

Una de las grandes barreras entre las ideas hedonistas de Arístipo y las de los epicúreos es su ubicación del dolor en contraste con el placer. Para ellos, la ausencia de dolor es placer; según Arístipo, la ausencia de dolor es simplemente un estado intermedio que no es placer.

En su concepción filosófica Arístipo argumentó, a grandes rasgos, que había que disfrutar el momento, que era preciso abordar los placeres sin confiar en regresar de ellos, sin que ni pasado ni futuro tuviesen peso en nuestra toma de decisiones.

Con respecto a los bienes materiales, el filósofo era partidario de una vida sencilla. No sentía apego a sus enseres y, de modo análogo, le parecía ridículo perseguir fama y reconocimiento.

Es, la vida y obra de Arístipo, el más claro ejemplo de cómo lo denostado en público por el común de los mortales se convierte, en la soledad del pensamiento, en oscuro objeto de deseo.

CAPÍTULO XIII

-"ESTA VIVENCIA con Tobías fue el clímax de la única novela que escribió, antes de morir, el famoso Nobel de Literatura Amable Alonso" -terminó su narración el señor conejo.

El gigante de piedra y el señor conejo se habían hecho amigos... pero pronto el coloso entornaría los ojos para no volver a abrirlos en mil años. Su amistad era un tesoro, mas el tiempo se les escapaba deprisa. Tenían mucho que decirse. Eran tantas las confidencias que compartir... Su amistad, como la vida de las polillas, había venido al mundo solo para agonizar.

Abril se abrazó a un ciruelo, estaba desolada. La noche se acercaba. Los sonidos del bosque diurno se iban apagando, aunque fueron apareciendo algunos nuevos.

-Cuando llegaste dando voces tuve miedo...

El gigante de piedra, dándose por aludido, sonrió. ¡Cómo habían cambiado las cosas desde entonces!

-Dabas mucho miedo, gigante -corroboró el señor conejo.

El coloso, de haber podido hacerlo, se habría ruborizado.

-Será porque mi voz es cavernosa. O porque soy muy grande. A veces las cosas no son lo que parecen -dijo.

El mundo seguiría rodando después de los sucesos de aquella jornada, pero a ellos se les estaba agotando el tiempo.

-Cuando cierres los ojos, dentro de un rato, será como si te echases a dormir un instante. Después, volverás a la vida... y estarás solo en el mundo -se compadeció Abril.

-Conejo, ¿sabes que nunca tuve nadie a quien llamar "amigo"? Y si lo tuve, ya no lo recuerdo. Me has dado tanto, en un día, que mis piedras inmortales tendrían que vivir cien vidas para saldar la deuda que tengo contigo... -dijo el gigante-. Nosotros, a nuestra manera, nos vamos. Y nadie sabrá del conejo valiente y brillante que, arriesgando su vida, ayudó a la chica. ¡Qué carga sobre tus hombros, nadie reconocerá tu heroísmo!

-Abril, querida chiquilla... ¿Qué será de tu inocencia cuando pase esta noche? ¿Quién cuidará de ti en el mundo de los adultos? -lamentó el señor conejo-. En breve habrás partido. Olvidarás a tu poderoso gigante y a tu locuaz conejo. Se perderá, el día de hoy, en la noche de los tiempos. Y tú, cuando te enfrentes a la vida de adulta, no sabrás que un gigante y un conejo lloran... porque te echan de menos.

El cielo despejado coronaba la copa del ciruelo. Los insectos revoloteaban entre las ciruelas, excitados por el aroma dulzón de la fruta. Los rayos de sol, mortecinos, se habían vuelto tan oblicuos que miraban de frente al horizonte.

-Estaré solo -reconoció el coloso-. Pero con la mejor versión de mí mismo. No soy la fiera terrible que aparentaba. Mis hijos se habrían sentido orgullosos.

-Yo también he aprendido algo de todo esto -expresó el señor conejo-. Me he pasado media vida cuidando las apariencias... ¿Ves mi chaleco? Ya no lo necesito. Ahora sé lo que valgo. No necesito que otros reconozcan lo que he hecho hoy.

El coloso asintió, estaba de acuerdo con él.

-¡Y, además, he hecho un amigo! ¿Se puede ser más afortunado, gigante?

Las risas cómplices de los dos amigos resonaron en el claro.

-Pues a mí también me ha servido para algo -anunció Abril, quien dejó de abrazar el ciruelo y se acercó a sus compañeros-. Cuando nos conocimos era presa de mis inseguridades; ahora estoy preparada para superar el dolor y afrontar la vida según venga.

-Esto me recuerda una historia que oí contar hace tiempo -compartió el señor conejo y, entregado al hacerlo, narró para ellos:

-"Hace tiempo, en la ciudad de Barcelona, vivían una humilde mujer y su marido, quienes llevaban una vida sencilla".

Viendo que habían sido bendecidos con un don, el gigante de piedra rogó a la adolescente:

-Abril, ¿puedes tocar para mí?

Dudo, el gorrión que leía filosofía, apretó el pico para no interrumpirles, mas se atrevió a pensar en voz alta: "¡Toca tu violín, Abril! ¡Toca esa hermosa melodía!".

La joven tomó con delicadeza la mano vigorosa del gigante. Él ya no podía sentir nada con ella, pero una emoción muy intensa se apoderó de su corazón. Lloró. Lloró como no lo hubo hecho en milenios. Lloró porque lo que estaba sucediendo era algo bueno y, por primera vez desde que podía recordarlo, sintió la presencia de sus padres.

-No llores, gigante, que si lo haces dejaré de tenerte miedo...

Entonces, vestida con una sonrisa, Abril tocó de nuevo la triste melodía que había acabado con la vida de los hijos del coloso.

-¿Sabes? -reconoció el gigante de piedra-. En verdad habríais sido buenos amigos.

Viéndoles conversar, el señor conejo no pudo evitar emocionarse. Dudo, desde la rama más poblada de frutas del ciruelo, tampoco.

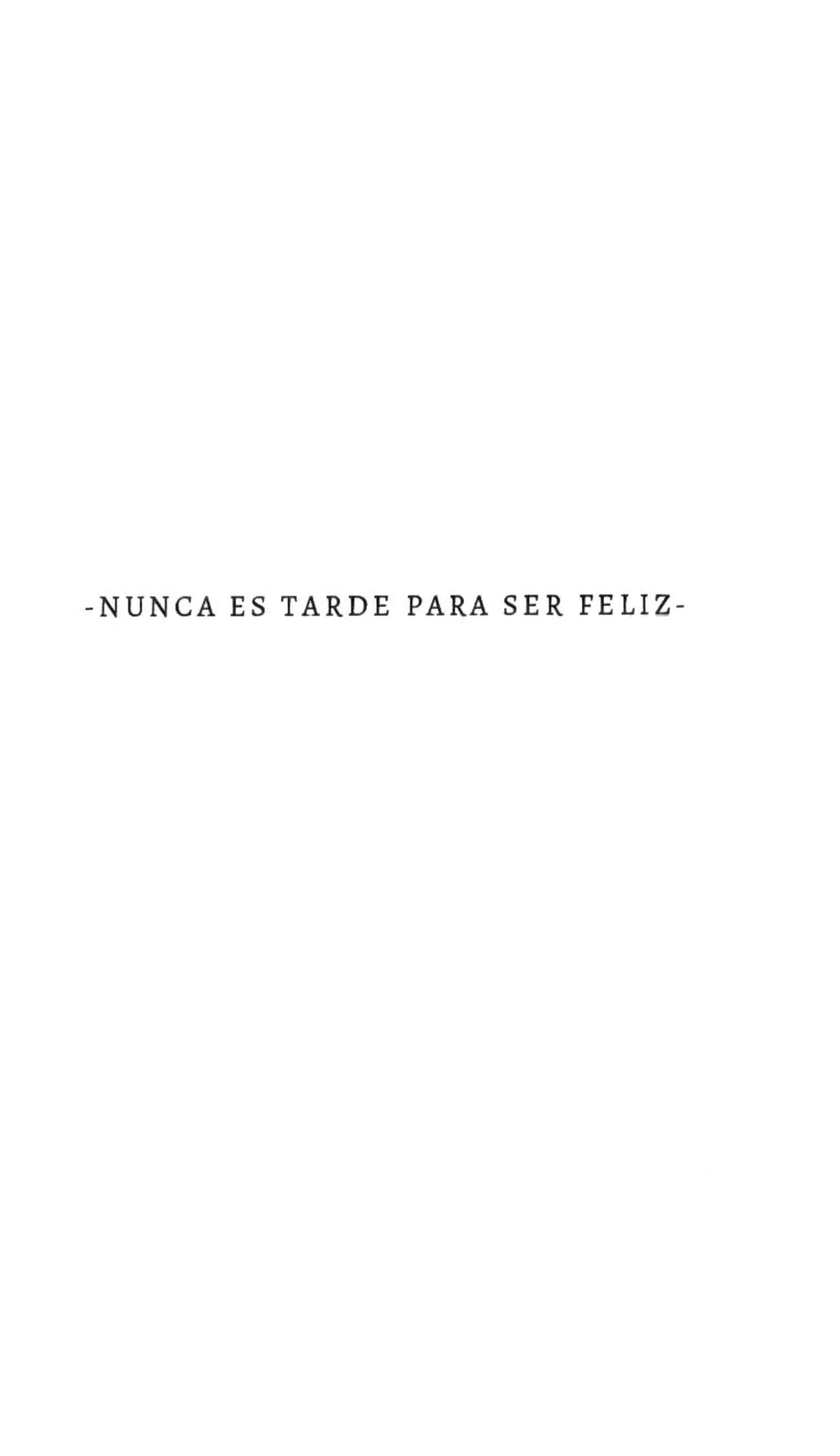

-NUNCA ES TARDE PARA SER FELIZ-

Mi tío abuelo, ya en la vejez, me dijo una vez que el secreto de la felicidad consiste en hacer lo que te apetece, siempre que no hagas daño a los demás. Insistió en la idea. Con una amplia sonrisa. Argumentaba que no hacía falta ser rico para hacerlo. Ni poderoso. Que le bastaba con ver sonreír a la mujer de su vida y que, aunque eran de caracteres muy distintos, su amor se había edificado en la consciencia de saber que la decisión de estar juntos era suya y se renovaba cada día. Se fueron, como habían vivido, juntos.

Mi tío abuelo, ya en la vejez, como decía, demostró conocer el secreto del Bien.

Hace tiempo, en la ciudad de Barcelona, vivían una humilde mujer y su marido, quienes llevaban una vida sencilla. Tenían dos hijos veinteañeros que compartían piso con ellos, pues con su trabajo no podían afrontar el gasto de una vivienda. Águeda, que así se llamaba la protagonista de este relato, se esforzaba por duplicado: era ama de casa y limpiaba escaleras por las mañanas. Era un trabajo duro que, si bien no daba para lujos, apañaba el paro que cobraba su esposo.

La buena mujer acababa de cumplir sesenta años. Una edad en la que se suponía que ya no iba a conocer cosas nuevas, en la que sus días se limitarían a hacer lo de siempre, ir perdiendo el oído y callar. Porque Águeda no era persona de darle muchas vueltas a las cosas y, si alguna vez lo había hecho, fue para sus adentros. No era porque alguien se lo prohibiese. Simplemente, las cosas fueron siempre así.

Aquel día, Águeda acabó de fregar los platos y, mientras dejaba el delantal en el colgador, se dispuso a repasar mentalmente la lista de la compra: dos botes de garbanzos, un kilo de arroz, otro de lentejas, una botella de aceite de oliva, zanahorias, una lechuga, tomates y una garrafa de agua.

-¡Venga, que te van a cerrar el mercado! –su marido no apartó la vista del televisor-. Y ponme una cerveza...

La mujer fue a la nevera sin que se lo tuviera que repetir. Le sirvió la bebida con un plato de aceitunas rellenas, como a él le gustaba, apartándose deprisa para no distraer su atención del televisor. Juan se molestó. Chasqueó la lengua porque, con la breve interrupción, se había perdido un regate de su jugador favorito.

Águeda fue al mercado antes de que se le hiciese tarde. Las ruedas del carrito de la compra chirriaban, estaban desgastadas. Sonaban en su cabeza de manera implacable. Podría decirse que era una prisionera de Roma a los remos de su galera. Estaba condenada a repetir el camino de casa al mercado y del mercado a casa cada día, tantas veces como el sol saliese y se volviera a poner.

Se internó entre la masa de gente. Poco importaba la hora, aquello era un hervidero de amas de casa moviéndose de puesto en puesto. Por eso, cuando llegó a la parada de verduras, no se fijó en que la iba a atender un joven con el que nunca había tratado, el hijo del dueño.

El verdulero preguntó en voz alta quién era la siguiente. Águeda se dio mucha prisa en pedir las zanahorias, la lechuga y los tomates.

-Las lechugas tienen corazón, reina –dijo el vendedor, haciendo un juego de palabras-. ¿Quieres escogerla?

La mujer, aprovechando la sonrisa que le ofreció el joven, se detuvo a comparar las lechugas que se amontonaban en el mostrador. Todas le parecieron iguales, como ella misma lo era a su madre, a su abuela y a las mujeres en su familia que la precedieron.

En la fila del mercado aumentó el bullicio. Águeda, eligiendo lechuga, ralentizaba a las clientas que, como ella un poco antes, no querían entretenerse. Se sintió empujada a decidirse.

-A mis hijos les gustará esta.

El joven asintió. Después, la miró a los ojos.

-Y a ti, ¿cuál te gusta más, reina?

La pregunta, como el despuntar del alba sobre la oscuridad, se abrió paso hasta el corazón de Águeda. La mujer, de forma instintiva, llevó la mirada a la lechuga que realmente le gustaba.

Se compuso la ropa, estaba ruborizada. Al verla así, el verdulero hizo un cumplido:

-¡Qué floreada es tu camisa! ¿La elegiste tú?

Águeda apretó los labios. Estuvo a punto de decir que sí, pero recordó que la palabra final la tuvo su marido, quien insistió en que dejase otra que era más bonita.

-Te hace gorda –había comentado su esposo sin miramientos-. No es para ti.

Influida por el comentario, hizo caso y no le dio más vueltas. Sin embargo, nunca se había sentido cómoda al llevar puesta esa prenda.

En el puesto de verduras, lejos de donde Águeda se encontró con aquellos pensamientos, el joven estaba acertando con las preguntas, aunque dolían. Quedaba, sin embargo, una más. La más difícil de ser contestada. La que debía arrojar luz sobre su existencia:

-¿Vendrás mañana a por otra lechuga, reina?

A la mujer se le escapó una lágrima. Esta recorrió su mejilla, quemando la piel lentamente. Luego pagó la cuenta, lo último rutinario que hizo en su vida. Porque, en el camino de vuelta a casa, Águeda tiró el carrito a un contenedor y decidió vivir con ojos nuevos. Decidió ser ella.

Tantas personas viviendo la misma vida en tantos lugares del mundo pueden estar equivocadas. A veces la distancia entre seguir el camino de otros o hacer el nuestro es, simplemente, echar la vista atrás. Hacerlo y, si vemos que llevamos mucho tiempo caminando por inercia, explorar nuevos senderos.

El sabor de las ciruelas fue, para Dudo, casi tan dulce como encontrar la noción del Bien en el claro. Había llegado a la conclusión de que juzgar a los demás era poco honrado si, antes, no se había examinado a sí mismo. La propia desnudez era el único espejo que podría mostrarle cómo eran las otras aves.

Se preguntó si el mejor medio para conocer sus sentimient os de gorrión no sería el ponerse a componer canciones, pero las palabras se le atascaban en el pico. "¡Mejor llenarlas de florecitas de ciruela!", se dijo. Mas sabía que esa no era solución. Una canción sencilla, por escaso talento que demostrase al escribirla, sería suficiente para mostrar un esbozo de su naturaleza. Y, a partir de ahí, ¡a construir el pajarito que era!

Al aroma de las ciruelas maduras se sentía vivo, como una estrella fugaz que cruza el firmamento para iluminar la noche más oscura. Sus ojillos marrones deshicieron la negrura del cielo, llevándole a un lugar especial de su alma donde, probablemente, rompería a llorar. Pero, las alas brillantes en las tinieblas, una cosa era cierta: reconocía al buen gorrión bajo el plumaje.

Las veces que desearía no haber nacido cristalizaban en el engañoso y dulce pensamiento de que, en realidad, nada importaba. El sacrificio de no poder tener más vidas que la suya aparentaba ser que podían pasar diez años y su existencia seguiría igual. ¡Pero no! Al intentarlo con todas sus fuerzas, vio que no bastaba con llorar en el nido para hacer una revolución interior, quitarse las cadenas y ser quien era.

Ensimismado en esa idea, pasó páginas hasta llegar a la 386 de su libro de filosofía, donde le aguardaban las enseñanzas de Platón.

PLATÓN DE ATENAS

FILOSOFÍA PARA AVES, pág. 386.

PLATÓN DE ATENAS (O DE EGINA)[427 a.C.-347 a.C.]

El filósofo Platón vivió entre los años 427 a.C. y 347 a.C., siendo considerado como el instaurador del academicismo en la filosofía, entre otros méritos.

A efectos biográficos, dudamos de si el lugar de su nacimiento fue Atenas o de si lo hizo en Egina, pero es indiscutible que vino al mundo en el seno de una familia noble. ¡Su padre, Aristón, se declaraba descendiente del último rey de Atenas! De su madre, Períctina, sí sabemos que descendía del famoso legislador Solón, uno de los siete sabios de Grecia. Tan vinculada estaba su madre a la política de Atenas que un hermano y un primo suyos protagonizaron un golpe de Estado en el año 404 a.C. Y, por si quedase duda, cuando Períctina enviudó, contrajo luego matrimonio con su tío Pirilampo, uno de los más firmes partidarios del gobernador Pericles.

En cuanto a Platón, todas las aves deben saber que ese no era su verdadero nombre, sino un apodo: "el de anchas espaldas". En verdad se llamaba Arístocles, pero su porte achaparrado le valió el sobrenombre por el que pasó a la posteridad.

Al ser de familia con buena posición económica pudo beneficiarse de la mejor educación de la época. Posiblemente se inició en el pensamiento filosófico con Cratilo (a su vez, discípulo de Heráclito), siendo el momento capital de su formación su encuentro con Sócrates, hacia el 407 a.C.

La diferencia de edad entre el maestro y el alumno (Sócrates rondaba los 63 y Platón los 20), era perfecta para el estándar ateniense. El impulso de saber del joven quedaba compensado por la experiencia y calma del adulto, por lo que se conseguía el buscado punto medio, símbolo del equilibrio, que encajaba los conocimientos en el alma.

Han de saber las aves que, al principio, Platón deseaba destacar como político. Sin embargo, dos sucesos le hicieron renunciar a esta idea.

El primero es que, con la llegada al poder de sus parientes, los nuevos gobernantes decepcionaron al entusiasta Platón:

"Yo me hice unas ilusiones que nada tenían de sorprendente a causa de mi juventud. Me imaginaba, en efecto, que ellos iban a gobernar la ciudad, conduciéndola de los caminos de la injusticia a los de la justicia"

Llegando al extremo esta situación cuando los golpistas le presionaron para que tratase de convencer a Sócrates para que diese su apoyo a la detención y condena a muerte de un líder político de la oposición. ¡Todas las aves deben saber que ni Sócrates ni Platón accedieron a esa petición!

El segundo hecho que le apartó de la vida política fue la condena a muerte de Sócrates. El "más justo" de los atenienses sería asesinado por el Estado.

"Entonces me sentí irresistiblemente movido a alabar la verdadera filosofía y a

proclamar que solo con su luz se puede reconocer dónde está la justicia en la vida pública y en la vida privada. Así, pues, no acabarán los males para los hombres hasta que llegue la raza de los puros y auténticos filósofos al poder o hasta que los jefes de las ciudades, por una especial gracia de la divinidad, no se pongan verdaderamente a filosofar"

Tras la muerte de su maestro emigró a Megara, seguramente para evitar problemas con los gobernantes que mataron a Sócrates. Años después viajaría a distintas partes de África, donde continuó cultivando la compañía de los sabios de las ciudades que visitaba. Suele decirse que, inmediatamente después, visitó la actual Italia, pero son conjeturas no demostradas. Otras fuentes dicen que regresó a Atenas. ¿Cuál de las dos teorías te parece más coherente?

Se sabe que luego viajó a Sicilia donde, tras verse con el rey de Siracusa, Dionisio I, acaba expulsado por este. ¡Y las cosas se pusieron aún peor! Resulta que, en una escala portuaria en Egina… ¡acabó siendo esclavizado!

Por suerte, un conocido suyo, Anníceris le rescató. Así, en 387 a.C. volvió a Atenas, donde fundó la Academia. ¡Que no fue poco! La Academia se convirtió en la primera escuela de filosofía con clases organizadas y, además, sentó el canon de las universidades. ¡Qué impagable es nuestra deuda con Platón! En esta etapa, el filósofo consagró veinte años de su vida al estudio y a la formación de sus alumnos, entre quienes descolló uno al que apodó "el lector": Aristóteles.

Entre los intereses filosóficos de Platón se encontraron la teología, la ontología, la filosofía política… y tantos otros saberes que serían arduos de exponer. De él siempre se ha remarcado la importancia que su obra tiene en los filósofos posteriores y, si tienes interés por leer su obra, disfrutarás de su lectura.

Los tratados de filosofía de Platón son diálogos, en los cuales su maestro (Sócrates) conversa en diversos ambientes sobre aspectos fundamentales de la vida. Estas obras demuestran la belleza poética de su autor. ¡Y son muy ricas en mitos!

En ese sentido es muy popular el llamado "Mito de la caverna", que elaboró para describir cuál es nuestra situación con respecto a las cosas que creemos conocer. Trata de unos hombres encadenados al muro de una cueva desde su nacimiento. Así, permanecen siempre de cara a una de las paredes, sin poder mirar a otro sitio. Tras la tapia a la que están encadenados hay una hoguera, cuya luz ilumina la estancia. Un día, detrás de ellos, unos embaucadores pasean con diversos objetos cuyas sombras, debido a la hoguera, se proyectan en la pared frente a los cautivos. Estos, viendo las siluetas, creen que esas imágenes son la realidad. Están convencidos y ni se plantean que las cosas puedan ser de otro modo. Platón, quien escribió esa alegoría en su obra "La República", nos enseñó así a desconfiar de la realidad engañosa y superficial.

De las aportaciones filosóficas de Platón destaca la "teoría de las ideas", basada en que todos los objetos del mundo sensible tienen su correspondencia en el mundo de las ideas, donde se encuentran los conceptos. Ello explica, según el filósofo, que (por ejemplo) al ver una mesa la identifiquemos como tal pese a no haber visto nunca dicho ejemplar de mesa. Es decir, gracias al mundo ideal podemos conocer cosas en el mundo real (mediante un proceso en el que nuestra alma, que estuvo originalmente en ese mundo de los conceptos, los va recordando).

Curiosamente, después volvió a Siracusa. Lo hizo porque, a la muerte del rey, le propusieron que fuese tutor del joven príncipe Dionisio II. A Platón no le satisfacía esta idea pero fue convencido con la esperanza de que, con el príncipe educado por un filósofo, se abriría una esperanzadora época de reformas políticas. Pero fue en vano, siendo desterrado de nuevo.

Los siguientes seis años los pasó en Atenas, alternando la vida en la ciudad con viajes esporádicos a... ¡Siracusa, pese al doble destierro! Esta vez, invitado por el rey. Pero la vida no es rosa y Platón acabó en prisión. Por fortuna, un amigo suyo, Arquitas, intervino en su favor y escapó rumbo a la populosa Atenas. Esta historia, muy interesante, siguió con un ejército en el que se enrolaron los discípulos de Platón para deponer al rey e instaurar otro gobierno. ¡Qué dulce ensoñación, un ejército de platónicos!

Es sabido, tras estos hechos tan movidos, que el filósofo siguió trabajando en Atenas, en la Academia, hasta que murió, alrededor del 348 a.C.

CAPÍTULO XIV

-"Decidió ser ella" -finalizó su emocionante relato el señor conejo.

La noche se acercaba; el sonido del violín de la adolescente dominaba el claro.

-Ponte a mi derecha, Abril, por favor -solicitó el gigante de piedra.

El rostro de la joven denotó sorpresa, no entendía el porqué de la petición.

-Es que ya no oigo por el otro oído -aclaró el coloso.

Abril y el señor conejo se miraron, trataron de buscar refugio en la mirada del otro.

-Tocaré para ti aunque no lo oigas -se ofreció la adolescente-. El señor conejo y yo vamos a estar a tu lado hasta el final.

El señor conejo se sonó el hocico simulando que había cogido un resfriado.

-Tengo miedo… -reconoció el gigante de piedra.

El señor conejo no se vio con fuerzas para mantener la compostura. Se alejó unos pasos, hasta que las ramas más bajas de un sauce llorón le taparon la cara.

-¡Nos mantendremos firmes a tu lado!

Las palabras del señor conejo eran un contrasentido pero, también, una declaración de intenciones. Entonces, las piernas del gigante de piedra comenzaron a derretirse: los poderosos miembros de roca viva se convirtieron en una masa de piedra dúctil que cedía al poder de la noche.

-¡Mis pies de piedra! ¡Cómo duelen mis pies de piedra! -gritó el coloso-. ¡Se derriten! ¡Cómo duelen mis pies de piedra!

Abril tocó su violín con más brío, como si estuviese poseída. Quería que la música atravesase la roca y acompañase a su amigo en el oscuro mundo de mineral al que la noche le llevaba. Fantaseó con que, aunque quedase apresado mil años, la música le protegería.

El señor conejo se tapó las orejas, no soportaba que el gigante sufriese. ¡Y él no podía hacer nada para evitarlo! La chica, al menos, aportaba su música, pero él era inútil.

El tronco del gigante de piedra, que había mantenido su figura erguida, se desmoronó como si, de pronto, hubiese pasado una eternidad. El coloso, vencido, miró a su pequeño compañero, implorándole una solución mágica que solucionase el mal momento que estaba pasando; el señor conejo, desolado, rehuía la mirada de su amigo.

-¡Toca más fuerte, Abril! ¡No quiero que sufra!

El grito del señor conejo, un chillido estridente, espoleó a la chica, quien tocó aún más rápido. Ella misma se sorprendió al constatar que podía tocar esa pieza a tal velocidad. Sus dedos se deslizaron vertiginosos por las cuerdas, yendo de nota en nota.

Llegó el turno de los brazos del gigante de piedra. Se convirtieron en una masa gelatinosa, derritiéndose para, perdida la forma, compactarse. Entonces, llegó lo peor:

-¡Mis ojos! ¡Se me derriten los ojos!

-¡Toca más fuerte! -imploró el señor conejo-. ¿Es que no puedes sacar más sonido de ahí?

-¡No veo! ¡No veo! -el quejido llegó a través de las grietas de lo que antes había sido un gigante de piedra.

Abril siguió tocando, las lágrimas bañaban su rostro; el conejo, devastado, golpeó el tronco del esbelto sauce llorón. Las estrellas fueron testigos mudos del final del coloso.

-Todo ha pasado -dijo Abril con los pómulos encendidos por el esfuerzo.

-¡Mi amigo! ¿Cómo vamos a hacer que vuelva? -el señor conejo buscó una salida desesperada.

-Es imposible.

-¿Cómo vamos a hacer que vuelva? -el señor conejo sabía que no había esperanza, pero formuló la pregunta varias veces más para ver si, por casualidad, en una le diese una respuesta distinta.

Abril ladeó la cabeza. Sin prisa. Tantas veces como el señor conejo repitió su pregunta.

Luego, las miradas de ambos se cruzaron. Lo hicieron de manera furtiva, pues el silencio era incómodo y mirarse lo era aún más. Acababan de encontrarse con la cara amarga de la vida, la que hace derrumbarse las creencias más arraigadas, la que trastoca el eje cartesiano de nuestras emociones.

-Gigante, amigo... No es justo... -el señor conejo puso en movimiento su natural optimismo y, frotando la gran masa de piedra, se dispuso a permanecer a su lado lo que le restase de vida-. ¡Dadme, dioses, un minuto más con mi amigo, que yo renuncio gustoso a todos los demás!

La adolescente vio a su salvador tan hundido que, estando ella muy apenada, le dio un sentido abrazo y sacó fuerzas para contarle una historia:

-"Cuentan que, tras la gran guerra, un héroe regresó a casa".

Dudo, el gorrión que leía filosofía, abrió su libro por la página 423. No le pilló por sorpresa que estuviese dedicada a Diógenes de Sinope. Intentó leerla para evitar echarse a llorar, porque se sentía muy triste, pero fue inútil y tuvo que esperar un rato para leer: tenía los ojos inundados de lágrimas.

-EL HÉROE-

Los horribles atentados yihadistas que tuvieron como epicentro las Ramblas y Cambrils inspiran este cuento con el que deseo rendir homenaje a las víctimas y a sus seres queridos. El protagonista es un héroe que, sabiéndose utilizado, solo quiere alejarse de quienes le están rentabilizando de manera espúrea. Con él pretendo homenajear a las personas que, al cruzarse los terroristas en su camino, son usadas como icono sin darles el tiempo que merecen para pasar su duelo. Para, de alguna manera, en un futuro acercarse a la felicidad que injustamente les fue arrebatada.

No figurar en la lista de víctimas fue casualidad, me pilló fuera de Barcelona. He paseado, durante años, casi a diario, a la hora de los crímenes, por ese tramo de las Ramblas. Voy a seguir haciéndolo y en mi mente, más allá del miedo, figura una preocupación: ¿nos haremos cargo de las víctimas cuando ya no estén en las portadas de los periódicos? Porque, a fecha de escribir el presente texto, he visto fotografías de autoridades con los heridos, manifestaciones presididas por nuestros gobernantes, declaraciones grandilocuentes... pero, alguien debe precisarlo, ni un solo compromiso bajo notario sobre cómo va a ser el futuro de estas personas.

P.S.: pasaron los meses. Me adentro en el redactado final del libro y ni el recuerdo queda, de los heridos. Los medios de comunicación les han silenciado, sepultándolos bajo nuevas noticias.

Cuentan que, tras la gran guerra, un héroe regresó a casa. Sus compañeros de armas habían muerto y él, haciendo frente al enemigo, defendió la bandera hasta que una bala perdida se incrustó en su pecho. Pese al dolor, consiguió dar otro paso al frente. Apretó con fuerza el fusil. Pensó en sus padres, fallecidos tiempo atrás... y se le nubló la vista.

El héroe, tras haber sido sometido a cirugía en el avión que le repatriaba, preguntó insistentemente por sus camaradas; el personal que atendía sus heridas le dió respuestas vagas: la verdad era demasiado dolorosa. Y así, hasta que llegaron al hospital, le estuvo dando vueltas a la idea de que todos los bienes materiales que tenía no valían lo que la sonrisa de cualquiera de sus compañeros caídos.

Estuvo en coma inducido casi dos semanas y, cuando despertó, se sintió abrumado por la multitud de rostros que reclamaban su atención. En la pequeña habitación del hospital se encontraban desde los bedeles del centro hasta el alcalde de su ciudad (uno nuevo, que no le sonaba de nada) y todos los demás políticos locales. Además de policías, personal sanitario, su familia, amigos... y una verdadera nube de periodistas. Y fotógrafos. Y figuras del deporte. Y curiosos, muchos curiosos.

Los presentes le asediaban a preguntas y el héroe, aturdido por el despertar del coma, confundía los flashes de las cámaras y de los teléfonos móviles con fogonazos de la artillería enemiga. El ruido, el trasiego de gente que entraba y salía a empujones, le transportó de nuevo a las trincheras.

-¡Váyanse todos de aquí! ¡Necesita reposo! –dijo un enfermero, saliendo en su auxilio.

El rostro destemplado del héroe no parecía bastar para que aquellas personas lo dejasen estar, pero el enfermero le puso la mano en la frente, liberándole de gran parte de la angustia. Luego, este hizo señas a toda aquella gente.

Ante el aviso, los extraños hubieron de rendirse a la evidencia: la salita se vació. Y el héroe, agradecido, miró con ojos de cordero a su salvador. Su respiración se fue calmando, el pecho se hinchaba y se desinflaba hasta que, por fin, dejó de sentir que el corazón se le saldría por la boca.

-¿Qué sintió al ver morir a sus compañeros, soldado?

El héroe se sentía confuso. El enfermero, quien apretaba su mano con firmeza, puso la cara a un palmo de la suya. No podía quitarse esa mirada de encima, tenía los ojos clavados en los suyos.

-¿Qué sintió al ver morir a sus compañeros, soldado?

De nuevo, la pregunta. A quemarropa, sin miramientos. El héroe estaba abrumado, no consiguió articular palabra. Entonces vio que, desde la puerta, dos *paparazzi* trataban de comunicarse por señas con el enfermero. Mostrándole un billete grande.

"¿Cómo pueden hacerlo?", se preguntó él héroe. "¿Cómo pueden comprar con dinero el daño que me están haciendo?".

Pasaron varias semanas. Cada vez que le hacían preguntas el héroe, a propósito, solo reaccionaba esbozando sonrisas bobaliconas. En el hospital, tanto con el resto de pacientes como con el personal que trabajaba allí, se ganó fama de hombre afable y melancólico. Esas sonrisas eran su modo de relación con un entorno más agobiante que la gran guerra, una tabla de salvación para su cordura.

Así fue pasando el tiempo. Al cabo de unos meses, con el alta recién obtenido, fue invitado a un acto en su honor en la escuela a la que fue de niño. Allí se reunieron nuevamente sus conocidos, acompañados de muchos estudiantes más, de todos los profesores vivos que pasaron por allí y de, literalmente, un ejército de bedeles. También en esta ocasión se llenó el lugar de fotógrafos y de periodistas, además de centenares de curiosos ansiosos de ver al vecino que salía en las portadas de los periódicos. Todo ello, por supuesto, muy solemne. ¡Que nada faltase en la bienvenida al héroe!

El director de la escuela, flanqueado por el alcalde, le acompañó al estrado. Desde allí se dirigiría a los estudiantes, quienes se hallaban sentados en filas perfectamente ordenadas. Pero el héroe, ante el micrófono, reaccionó de manera distinta a la que los organizadores del evento habían planeado. ¡Se despojó de las insignias que cubrían su camisa de militar! A diferencia de los presentes, no las necesitaba para tomar conciencia de lo que era la guerra y de la pérdida de sus compañeros. Sin embargo, a la gente aquello no pareció importarle: se pusieron a corear su nombre. El héroe rompió a llorar. Sus vecinos, satisfechos, interpretaron que lo hacía embargado de emoción.

Pasó el tiempo y, como la expectación que despertaban sus apariciones públicas no decrecía, el héroe trató de aislarse en las montañas. Allí, el viento fresco de los pinos tenía un efecto vigorizante sobre sus entumecidos miembros; el horizonte, despejado de civilización, lo hacía todo sencillo: se despertaba cuando huía el sueño, comía cuando quería y no tenía que rendir cuentas a nadie por existir. Ni siquiera necesitaba platos, vasos o cubiertos: tomaba lo que necesitaba de los arbustos o de los árboles frutales y, para beber, juntaba las manos y el río le alimentaba. Se había refugiado, sin ser consciente de ello, en la vida simple. Una vida que le abrazada con ternura y cuidaba de él. Por primera vez desde que entró en combate, experimentó un agradable sentimiento de paz. Era, con perdón de sus compañeros muertos, feliz.

Pero su burbuja de confort no resistió mucho. Una mañana, las aspas de un helicóptero amontonaron ruido y lo esparcieron de manera ensordecedora sobre el manto de hierba en el que reposaba. ¡Multitud de políticos y periodistas, sin miedo a nada ni sentido del respeto, se abalanzaron sobre él!

Trató de mostrar indiferencia. Volvió a sonreír de forma bobalicona pero, a su pesar, no se marchaban. Ni eran hijos del dios de la paciencia ni iban a dejarlo estar hasta conseguir su objetivo: bonitas fotografías estrechando la mano del héroe. ¡Aunque fuese lo último que hicieran antes de morir! Porque él era un hombre especial y su cabeza enmarcada sería un bonito trofeo en algún despacho de la zona de negocios de la capital.

Como en el campo tampoco encontró paz duradera, dejó allí sus pocas pertenencias y fue al desierto. Cambió su traje de militar por unos harapos hechos con retales de trapos de cocina. Entre las dunas, aislado del mundo, solo el cielo nocturno estrellado sabía cuáles eran sus sentimientos. Podía ver, en aquellas luces refulgentes, la mirada sincera de sus camaradas de armas. Era, por fin, un lugar en el que rendir cuentas y no molestar.

El héroe necesitaba un lugar en el que llorar, un sitio en el que purgar sus emociones. Se sentía escrutado por los miles de ojos que son las estrellas, entró en diálogo interno con ideas negativas que se habían enquistado en su alma y que, en la noche más profunda, encontraban expresión. Esas heridas sin sangre, por fin, empezaban a curarse.

Pero la sensación de paz no duró mucho. Las arenas le llevaron el sonido de pisadas. ¡Era una caravana con cien camellos! A lomos de los cuales iban representantes de los máximos dirigentes de su país y varios equipos de televisión. Una periodista fue la primera en llegar hasta él:

-¡Hola! ¿Es usted el héroe?

-Soy un hombre –respondió de brazos cruzados.

Los harapos y la poblada barba que cubría su rostro no bastaron para camuflar su identidad.

-¡Le daré dinero si me concede una entrevista! -dijo la periodista-. ¡Mucho dinero!

La mujer se llevó las manos a los bolsillos, las sacó rebosantes de billetes; al héroe le resbaló una lágrima por la mejilla.

-¡Pero diga algo, hombre! ¿Es que no ve que puedo hacerle rico?

Miró a la periodista con mucha pena. Aquella mujer no parecía entender nada. Habría hablado gratis para ella si se hubiese dignado a coger su mano. ¡Una sonrisa sincera de la periodista habría bastado para que le hubiese desvelado sus más íntimos secretos!

Pero el héroe guardó silencio. Se mordió los labios, frunció el ceño como un niño que se rebela ante las injusticias del mundo. Sin embargo, aquellas gentes de la caravana se lo llevaron de regreso al país, aún debía prestar un último servicio a la nación.

He aquí que, convenientemente afeitado y duchado, le volvieron a vestir de militar. Fue condecorado repetidas veces, hasta que las medallas no le cupieron en la camisa. ¡Le pusieron hasta un reloj de marca, para que hiciese publicidad mirando la hora! Todos se alegraban por el buen aspecto que presentaba pero, pese a todo, nadie se dirigía a él para transmitirle su pésame por la pérdida de sus compañeros. Lo que es peor, no querían entender que necesitaba la vida simple para superar la tristeza y encontrarse a sí mismo en el camino por el que se había extraviado. Querían que viviese el resto de su vida como a ellos les parecía bien, como se suponía que debía hacerlo.

Organizaron una gran fiesta en su honor. Sin consultarle, desde luego. De nuevo, sin que faltase de nada. Con muchos canapés y mesas reservadas porque, como la ocasión lo merecía, asistiría el rey. ¡Cuánta seguridad hubo aquel fin de semana en el Palacio de Congresos! No cabía ni un alfiler porque, y eso era importantísimo, el rey iba a darle la mano. ¡Al héroe! Un rey que, por cierto, no se había curtido en batalla, pero al que la corona le quedaba muy bien.

Cuando llegó el momento, delante de las cámaras de televisión, ante millones de telespectadores, el presentador del evento y las autoridades congregadas se apartaron para dejar el camino libre al monarca. El rey, a paso firme, se acercó al homenajeado. Se acomodó la pernera de su caro traje. Sonrió a cámara como le habían enseñado sus preceptores. Leyó un discurso que había sido escrito por otra persona, muy emotivo. Se hizo fotos cogiendo al héroe de los hombros para parecer cercano, que siempre queda bien. Y, cuando el regidor de televisión hizo la seña convenida, alargó su real mano enjoyada para que se la estrechase.

Al contacto de sus dedos sonrosados, el héroe apretó los puños y soltó un pedo. Un sonoro y real pedo.

Lo que el ser humano necesita para ser feliz es mucho más simple de lo que pensamos. Bastan ropa sencilla, un lugar en el que descansar y buena compañía. Lo demás es un espejismo con el que nos engañan la vista y el corazón de forma interesada.

El héroe del cuento lo sabe. La crudeza de la guerra y la pérdida de sus seres queridos le han enseñado el valor verdadero de las cosas. Renunciaría a todos los honores por tener la oportunidad de volver a compartir risas con sus camaradas de armas. Se siente parte de un espectáculo de variedades, de un marco en el que se espera de él que siga la pauta fijada. Poco importa su dolor, la sociedad depredadora exige que aparte sus necesidades y guarde las apariencias.

A Dudo, el gorrión que leía filosofía, le dio la impresión de que el bosque había cambiado. Dónde se hallaba el claro ya no se podía saber como antaño pues, desde que las copas de los árboles le parecieron manos entrelazadas, ni la luz del sol se enseñoreaba del lugar ni a las criaturas que lo visitaban les era fácil salir de allí. Aquel sitio, donde jamás se había sentido extraño, le resultó de pronto ajeno. Entonces, pensando y pensando, llegó a la conclusión de que nada era diferente en el claro. Lo distinto era el modo en que él sentía las cosas, su relación con el entorno. Le pasó como al héroe de la historia que acababa de narrar la chica, los reflejos irisados de sus propias plumas le parecieron irrelevantes y, más allá de cualquier deseo material, encontró alivio en la simplicidad de las hojas mecidas por el viento.

Se preguntó, escondidito entre las hojas brillantes del sauce llorón, si el pájaro que todos esperaban que fuera se correspondía con su auténtica naturaleza. Le asaltó el temor de estar siguiendo un guion escrito sin su consentimiento. Buscó la luz en las paredes de su corazón, mas solo halló espacios vacíos. Allí, donde sus pensamientos eran su juez, se mostraba incapaz de escapar de su propia conciencia.

DIÓGENES DE SINOPE

FILOSOFÍA PARA AVES, pág. 423.

DIÓGENES DE SINOPE [412 a.C.-323 a.C.]

¿Conoces al filósofo Diógenes? Fue un pensador excepcional que vivió conforme a su pensamiento. Se apartó de las convenciones sociales para existir según las normas de la naturaleza, transgrediendo los preceptos morales de su época. ¿Te gustan las personas valientes? Él, sin duda, lo fue.

Nació sobre el 412 a.C. en Sinope, una ciudad ubicada en la actual Turquía. Fue un niño mimado, rodeado de todos los lujos que pudieras imaginar de su época, pues su padre era un hombre muy rico. ¡El banquero de la ciudad! Poco más sabemos de su infancia, pero podemos conjeturar su estilo de vida.

Sobre su juventud no hay mucho que decir, ya que nos han llegado escasos datos, mas hay un hecho que destaca especialmente: fue descubierto acuñando moneda falsa junto a su progenitor. ¿Te lo puedes creer? ¡El banquero y su hijo fueron acusados de corrupción! Las consecuencias fueron terribles, definieron el destino trágico de esa familia:

Según la leyenda, el delito se debió a que, yendo el filósofo a consultar el Oráculo de Delfos, recibió un mensaje al respecto tras preguntar:

-¿Qué hay que hacer para conseguir la gloria?

-Invalidar la moneda en curso -fue la respuesta del oráculo.

Ante esa contestación Diógenes se mostró perplejo. ¿Cómo obrar, si era sabido que las palabras del oráculo eran siempre ambiguas y misteriosas? Tenía tres opciones. La primera y más sencilla era actuar de forma literal: acuñar moneda falsa. La segunda, en una interpretación más laxa, quebrar las leyes reflexionando sobre ello, aportando unas nuevas. La tercera, más profunda y atrevida, era romper las convenciones sociales en todas sus formas. ¡Destruir el sistema de relaciones económicas! El filósofo pensó en ello detenidamente y, al final, optó por aplicar las tres soluciones. Al mismo tiempo, sin importar las consecuencias.

Pero no tienes por qué creerte esta historia heroica al pie de la letra. Seguramente la realidad fue que, pudiendo aumentar su enorme fortuna, cedieron a la tentación. ¡La naturaleza humana es sorprendente y decepcionante! Es sabido que su padre y él fueron descubiertos enseguida, siendo encarcelado el primero hasta el día de su muerte. A su vez, el filósofo fue condenado a una pena menos dura pero también severa: el destierro. Circunstancia sobre la cual se dice que pronunció una de sus más conocidas sentencias:

"Ellos me condenan a irme y yo les condeno a ellos a quedarse".

¡Qué carácter! ¡Qué persona! Tras mucho vagar por la Hélade llegó a Atenas, donde buscó a Antístenes, un antiguo alumno de Sócrates. Este había formado parte del grupo de amigos que presenció la ejecución del maestro y la forma relajada en la que Sócrates afrontó sus últimos días, reflexionando sobre la inmortalidad del alma. Eran gente particular, filósofos de corazón, los socráticos.

Antístenes era un hombre decidido. ¡Mucho! Había fundado una escuela, el Cinosarges (de ahí el sobrenombre de sus miembros, "cínicos"), un gimnasio para jovencitos de la nobleza en el que recibían tanto formación intelectual como física, donde eran preparados para suceder a sus padres en el gobierno de la ciudad. ¿Sabes? La palabra "Cinosarges" significa "perro veloz" (también, "perro blanco"), por lo que sus seguidores recibían el mote de "perrunos". De hecho, ese apelativo despectivo se ajustaba muy bien al tipo de doctrina filosófica que defendían: vivir la vida según la naturaleza, alejados de las normas sociales. Esto se basaba en su convicción de que la felicidad habita dentro de nosotros. ¡Parecían conocer bien a las aves! Su principal argumento era que las riquezas materiales son enemigas de la humanidad, pues esclavizan a la persona.

La idea arraigó con fuerza en la mente de Diógenes. Es fácil suponer que estaba desengañado con su vida, pues había pasado de ser un miembro respetado de la comunidad a ser expulsado de su ciudad. Algo se había roto en el alma del joven mimado que, como en una revelación divina, comprendió que debía seguir los postulados de la escuela. Llevado por la nueva fe, se ofreció como alumno al propio Antístenes, seguro de que sería admitido. Pero fue rechazado. El maestro era muy desconfiado y, aunque Diógenes lo intentó en varias ocasiones, rechazaba que se uniese a sus alumnos.

Parece claro que la mala fama que precedía al joven de Sinope tuvo mucho que ver con esta situación pero insistió tanto que, un día, Antístenes hizo ademán de golpear su cabeza con el bastón que llevaba, a lo que Diógenes se postró ante él y le dijo:

> *-Descarga el bastón sobre mi cabeza, maestro, porque no habrá madera lo suficientemente dura para apartarme de ti si tienes algo que enseñarme.*

Ante esa demostración, Diógenes fue admitido entre los cínicos. ¡Qué remedio!

Como buen acólito, adoptó su indumentaria: manto y zurrón, en el que llevaba un pequeño cuenco y una escudilla. Sin embargo, como pronto le fallaron las fuerzas debido a los ayunos propios del estilo de vida que había elegido, el filósofo se vio obligado a hacer suyo el típico elemento cínico que le faltaba: un bastón en el que apoyarse.

Pero Diógenes no pasó mucho tiempo en la escuela. Decepcionado porque las tesis de Antístenes no le parecían lo suficientemente radicales, la abandonó con idea de vivir de acuerdo con sus principios más extremos. Conociendo su carácter, ¡seguro que armó un buen escándalo!

El opulento hijo del banquero se había fanatizado. ¡Hasta prescindió de tener casa! Por el día, paseaba descalzo, cubierto con su manto; pasaba las noches dentro de un tonel junto a los templos. Los atenienses, curados de espantos con gentes de extrañas costumbres en las diferentes escuelas de filosofía, ponían a prueba su paciencia tolerando el comportamiento del pensador. Quizás, por miedo. Este les insultaba, se ponía violento a la menor contrariedad, les hacía gestos obscenos y se reía de ellos. ¡Qué hombre! Llevado por su afán de prescindir de bienes materiales para conocer la felicidad, renunció a ellos con el fin de no tener necesidades: en verano tomó la costumbre de revolcarse desnudo sobre las arenas ardientes al sol y, en invierno, se abrazaba sin ropa a las estatuas cubiertas de nieve. Su alejamiento de los valores tradicionales, por decirlo en lenguaje suave para aves, era manifiesto y, en sus críticas, atacó ferozmente las instituciones griegas con discursos encendidos.

Estaba en un estado mental que le hacía sospechoso a ojos de los vecinos. Muchos no se atrevían a pasar por las calles que frecuentaba el filósofo. A los atenienses les disgustaba mucho verle, desinhibido, masturbándose por las calles y comiendo carne cruda. Tampoco ayudaron a crearle buena fama sus escritos a favor del incesto y del canibalismo.

No obstante, también empezó a ser un foco de admiración en ciertos sectores de la ciudad. Su desafecto por los bienes materiales y el comportamiento libre que manifestaba hicieron de él un hombre muy carismático. Se convirtió, en poco tiempo, en un líder de opinión, en un modelo de rebelión del hombre frente a las imposiciones de la sociedad. Por eso, pese a que la mayoría de gente lo llamaba "Diógenes el perro" recreándose en la alusión despectiva a la escuela cínica, para otros se convirtió en un referente moral. ¡Vivir para ver!

Parece ser que esta fama contribuyó a que el carácter del filósofo siguiese afilándose durante los años de madurez, haciendo de él un individuo violento y malencarado. ¡Intratable! ¡Indomable! Sus encontronazos con el afable Platón fueron notorios, pues le discutía sobre cualquier cosa cada vez que le veía, tensando la capacidad de mantener la calma del discípulo de Sócrates. Otro tanto sucedía con la naturaleza polémica de sus discursos cuando iba al ágora pues, amontonando cajas y subiéndose a ellas, profería insultos a sus vecinos a voz en grito a la vez que daba acaloradas arengas. Los griegos, que por mucho menos mataban, respetaban al filósofo. ¡Qué curiosos son los humanos!

De aquella época data la conocida anécdota de cuando fue invitado a la casa de uno de los hombres más ricos de Atenas, quien estaba dando una fiesta. Este había considerado divertido contar con la presencia del filósofo, algo de lo que pronto pudo arrepentirse. En un momento dado de la celebración, a sabiendas de que Diógenes tenía extrañas costumbres sociales y un marcado desprecio por la higiene, el acaudalado ateniense le advirtió sobre lo valiosos que eran los objetos de su casa, desde el suelo hasta los pequeños adornos. Entonces el pensador de Sinope se aclaró ruidosamente la garganta y, ante el pasmo del resto de invitados, soltó un espeso escupitajo en la cara de su anfitrión al tiempo que decía:

-Tenía ganas de escupir y es el sitio más sucio que he encontrado en esta casa.

Pero ahí no quedó todo. Allí mismo recibió una paliza y, al oír sus gritos pidiendo hombres que le ayudasen, insultó a los atenienses que acudieron en su auxilio:

-¡He pedido hombres, no basura!

Por lo que se dice, volvió a ser golpeado, esta vez por sus auxiliadores.

Es de la misma época la anécdota más conocida del filósofo, la que lleva a Diógenes a desprenderse de la escudilla y del cuenco. Por lo que se cuenta, vio a un muchacho comiendo lentejas ayudándose de pan y bebiendo agua con las manos. Parece ser que esto tuvo consecuencias en la mente de Diógenes, quien desde entonces abandonó el uso de ambos objetos en favor de comer y beber ahuecando las manos.

El filósofo, cuyo comportamiento era impredecible y extrañísimo al parecer de los atenienses, empezó a ser mirado con afecto. Su imagen pública, que no podía ser peor, salió a flote.

Tanto es así que, una noche, al regresar al tonel en el que dormía, se encontró con que alguien le había dejado un obsequio: un pequeño candil. Ello hizo que reflexionase mucho sobre qué uso darle. Por la mañana, se paseó por el ágora con el candil encendido, gritando contra la multitud:

-¡Busco un hombre! ¡Busco un hombre honrado, pero aquí no veo a ninguno!

Fue entonces cuando abandonó Atenas y, de algún modo, consiguió embarcarse camino a Esparta. Allí quedó fascinado por el patriotismo exacerbado de sus gentes y por su ardor guerrero. ¡Eran, para lo suyo, casi tan fanáticos como él! Luego, llegado a la pequeña ciudad de Mindo, se dio prisa en ofender a sus habitantes, pues así era Diógenes.

Según la tradición (aunque las fechas no son claras al respecto) fue hecho prisionero por los soldados del cruel rey Filipo de Macedonia en la batalla de Queronea, cuando este y su hijo Alejandro Magno se hicieron con el control de Grecia.

El rey macedonio, conocido por su mal carácter, quiso conocer al filósofo, preguntándole qué hacía allí. La respuesta de Diógenes heló la sangre a los presentes:

-Soy un observador de tu avaricia, un espía de tu egoísmo.

Pero Filipo, impresionado por el desprecio que le manifestaba sin temor el filósofo, le perdonó la vida.

A continuación, se sabe que volvió a Atenas. Y que fue recibido con honores, invitado a banquetes para reírse con o de él. El filósofo no podía decepcionar a los atenienses y, cuando en una cena hubo quien le tiró huesos como a un perro, su respuesta fue levantarse y orinar sobre los comensales, escapándose por las callejuelas antes de recibir una paliza.

Así fue su segunda etapa en Atenas, como hombre prestigioso por la fidelidad a sus ideas con que se mostraba en público y en privado. En verdad, el filósofo mendigo seguía pasando hambre y frío, pero era una celebridad por su mente despierta, sus aforismos y las críticas que lanzaba sobre quien tuviese a su alcance.

Mas, como no podía ser de otro modo, el viajero Diógenes abandonó la capital del Ática. Y, al embarcarse, fue capturado y vendido como esclavo. No perdió, en la subasta, la oportunidad de incomodar a sus captores, siendo finalmente vendido a un corintio. El filósofo, dejando antes claro que su comprador había adquirido un amo, se encargó de todos los asuntos concernientes a su casa y de la educación de sus hijos, llevando una vida similar a la que llevaba en Atenas, abundante en escándalos.

Allí, la más celebrada de sus anécdotas fue su encuentro con el ya rey Alejandro Magno. Tan impresionado quedó el monarca que, ante todos, le ofreció darle lo que quisiese. La respuesta del filósofo, como muestra de que no necesitaba nada de los poderosos, de que estaba por encima de ambiciones materiales o de poder, fue insolente:

-¡Apártate, que me tapas el sol!

Alejandro, quien no esperaba el improperio, alabó la actitud valiente de Diógenes, expresando la admiración que sentía por él.

Pero toda vida llega a su final. Cuando le llegó la muerte, a los 89 años, sus amigos le encontraron tapado con el manto, como si aún durmiese, en el estado de placidez que llevaba toda su vida buscando.

CAPÍTULO XV

-"Un sonoro y real pedo".

El señor conejo, las orejas gachas, no salía de su tristeza. El relato de la adolescente estaba salpicado de humor, pero no dejaba de ser un reflejo amargo de la realidad.

-Me siento tan culpable…

-Yo, también -dijo la joven-. A veces no es preciso hacer algo malo para tener la sensación de que eres responsable de algo horrible...

El viento nocturno se enseñoreó de la copa de un robusto arce, cuyas hojas verdes en racimo susurraron una agradable melodía. La temperatura había bajado varios grados, mas los corazones estaban tan fríos que costaba creer que alguna vez hubiese dado el sol en el claro. Menos, aún, que estuviesen por llegar días soleados.

-Esta mañana habría dicho que lo único que deseaba de la vida era un descanso -confesó el señor conejo-. Estaba tan atareado...

-Yo también lo necesitaba -reconoció la adolescente.

-Pues ahora solo quiero que mi amigo despierte y contarle más historias.

-Sabes que no podrá ser...

-Yo ya no quiero saber nada...

-Pues tendremos que vivir con eso...

Dudo, en el arce, se compadeció de ellos. Toda el ansia por saber que le caracterizaba quedaba, de repente, en segundo plano.

-¡Quién me iba a decir que me haría tan amigo del gigante de piedra! -el señor conejo dejó escapar un suspiro-. Me he acostumbrado a su voz, a tenerle cerca haciendo aspavientos, a dar lo mejor de mi ingenio para robar tiempo.

-Al menos nos hemos conocido.

-Otros no tienen esa oportunidad -reflexionó-. Pero ha sido tan largo el desencuentro y tan breve el entendimiento que uno no puede dejar de preguntarse si merece la pena.

-¿El que? -preguntó la joven.

-Haber de pasar por todo esto para llegar hasta aquí.

Se quedaron en silencio. Luego, la adolescente dijo:

-Hemos llegado al último círculo, al que no tiene centro. Sin conocer los demás. De golpe. Sin que nadie nos hubiese preparado.

De nuevo, el silencio. Roto, solo, por los grillos. Hasta las aves nocturnas callaron. El gigante de piedra, en algún lugar de aquella gran roca, alguna vez existió. Dentro de mil años volvería a existir.

-Estas lecciones... -hablo el señor conejo-. Sería mejor aprenderlas por otro orden.

-¿A qué te refieres?

-Pues que primero habría que entender la idea general. Para nosotros, que el gigante era bueno. Así, con este conocimiento, nos habríamos evitado sufrir.

-Es raro. Me han enseñado a estudiar siguiendo el orden natural de las cosas... Sucede una cosa. Luego otra. Después, otra. Y así -reflexionó la joven-. Pero lo que dices tiene sentido.

El señor conejo, cuyas emociones iban y venían deprisa, no podía apartar la mirada de su amigo el gigante de piedra. De lo que quedaba de él.

-¿Te cuento una historia?

-Bueno... -dijo Abril, encogiéndose de hombros.

-"En una antigua nación hubo una vez un rey que quería descubrir el secreto para vencer siempre al ajedrez, pues estaba enamorado del noble juego y nada le producía más alegría que ganar una partida" -comenzó a narrar el señor conejo.

-Volverá -interrumpió la chica, refiriéndose al coloso.

-¿Crees que hay algo más?

-¿A qué te refieres?

-Después de morir...

-No le doy muchas vueltas a eso -dijo la chica-. Pero creo que sí.

-¿Por qué?

Al señor conejo, que de joven había presumido de frívolo, le importaba mucho esa contestación.

-Porque traernos al mundo y darnos emociones es demasiado complicado como para que luego quede en nada.

Las palabras de la chica estaban cargadas de razones, pero el señor conejo aún necesitaba más:

-Entonces, ¿nos ha hecho un dios? ¿Una diosa?

-¿Cómo voy a saberlo? -respondió Abril-. Solo soy una chica.

Dudo, desde el arce, apretó el pico con emoción. Entonces el señor conejo, abrazado a las rodillas de Abril, le preguntó:

-¿Por qué algunas historias no pueden acabar con un final feliz?

-LA PARTIDA DE AJEDREZ-

A estas alturas no es ningún secreto que fui mal estudiante. No llegué a encontrar la motivación por aprender. Para ser más precisos, por aprender del modo en que trataban de enseñarme.

Primero, me apartaron de las ciencias. ¡Con lo que ansiaba seguir los pasos de mi ídolo, Severo Ochoa! Durante años aborrecí las fórmulas y, hasta que no dejé la escuela, no recuperé el amor por los números. Otro tanto sucedió con las letras, ya que me obligaban a escarbar en la gramática cuando mi vocación era leer... ¡y hacer correr hormigas negras por el manto de nieve que había entre las tapas de mis libretas!

En una antigua nación hubo una vez un rey que quería descubrir el secreto para vencer siempre al ajedrez, pues estaba enamorado del noble juego y nada le producía más alegría que ganar una partida. Se llamaba Godofredo y tenía una hija, Luz, cuya pasión era aprender cosas nuevas.

El rey, que era muy poderoso y al que nadie se atrevía a contradecir, no soportaba la idea de que le ganasen al más interesante de los juegos. Cuando perdía, se enfadaba como un niño consentido. Echaba la culpa a cualquier cosa, menos a sí mismo. "Mi rival ha hecho trampas, un paje me ha distraído, la silla era incómoda...". Nunca, jamás, daba su brazo a torcer. Le era imposible decir "me he equivocado" y, por ese motivo, estaba estancado. Por su falta de autocrítica no era capaz de jugar mejor. Y, como era de esperar, ese defecto de carácter se manifestaba en las demás parcelas de su vida.

Luz, en cambio, tenía otra mentalidad. Cuando cometía errores en sus tareas diarias los tomaba con una sonrisa y, dispuesta a mejorar, buscaba el consejo de sus maestros. Era una joven perfeccionista, nunca se cansaba de hacer preguntas, lo que alegraba el corazón de sus mentores.

-Estamos muy orgullosos de ti -le decían-. ¡Eres una gran chica!

Un día, el rey Godofredo se dispuso a jugar al ajedrez con un campesino que tenía fama de invencible con los trebejos. Sus consejeros le habían prevenido contra un rival tan formidable, pero el monarca se negaba a aceptar que uno de sus súbditos fuese más inteligente que él. No es que el rey fuese mala persona, sencillamente no había visto mundo y estaba cargado de prejuicios.

La partida comenzó por cauces bien conocidos por los dos pero, en cuanto empezaron las complicaciones tácticas, el cálculo sobresaliente del campesino le llevó a la victoria. Y el rey, furioso, se excusó con el pobre pretexto de que se había dejado ganar. Nadie, claro, se lo creyó, mas su señor mandaba y no se lo discutieron. Excepto su rival.

-Seamos realistas –dijo el campesino-. Mi rey empezó a perder la partida cuando sus caballos se lanzaron al ataque sin ayuda de los peones. Ya lo decía el gran Philidor: "los peones son el alma del ajedrez".

¡Todos enmudecieron en palacio! ¡La sentencia era revolucionaria! El campesino, con la simple mención al sabio francés, acababa de poner en tela de juicio el sistema feudal. ¡Habían rodado cabezas por mucho menos! A Godofredo le molestaron mucho esas palabras e iba a decir algo pero Luz, que estaba presente y amaba la verdad, apartó al rival del monarca e intervino a tiempo:

-Ha jugado mejor que tú, padre. Por eso te ha ganado.

La victoria, por supuesto, se celebraba fuera del tablero de ajedrez. Comenzó como un rumor, pero los cuchicheos fueron creciendo hasta escapar de los muros de palacio. ¡Cuánto hubiese pagado el rey por un oasis de silencio! ¡Y ahora su propia hija se había atrevido a decir lo que tanto se esforzaba por disimular! ¡Delante de todos!

-¡Igual tú podrías hacerlo mejor! –contestó contrariado.

-Creo que sí –respondió la princesa para sorpresa de los presentes, segura de sí misma-. Pero necesitaría una luna para prepararme.

Al rey Godofredo se le iluminó el rostro con una sonrisa perversa. ¡Su hija le estaba retando a jugar una partida! Para colmo, presumía de poder ganarle con escasa preparación... ¡cuando él llevaba más de cincuenta años compitiendo en el noble juego! Entonces, se le ocurrió una forma de volver la situación en su favor:

-Así sea, Luz. Si ganas, aceptaré que me he equivocado. ¡Pero si gano yo, nunca volverás a contradecirme! -convino-. Tienes una luna.

Y, durante el tiempo estipulado para la preparación, la princesa y su padre se dedicaron al estudio del ajedrez como si no hubiese nada más importante en la vida. Cada cual, a su manera, del mismo modo en que concebían la existencia. ¡Porque los dos querían ganar!

El rey, experto jugador curtido en mil torneos, ordenó a sus siete ministros que recopilasen las partidas de los grandes maestros del reino. La tarea era ingente, pero no se lo discutieron. Se pusieron manos a la obra y, en diez jornadas, recopilaron la asombrosa cantidad de doscientas diecisiete mil cuatrocientas quince partidas.

-¡Bien hecho! –reconoció Godofredo cuando se las entregaron-. Ahora vais a seleccionar las mejores jugadas de todas esas partidas, pues su conocimiento me asegurará la victoria y la obediencia de mi hija.

Había invertido un tercio del tiempo de preparación en obtener las partidas, pero a cambio le iban a dar mucha ventaja sobre su oponente.

-¿Cuáles son esas jugadas? –preguntó un ministro ignorante del apasionante juego del ajedrez.

-Las jugadas más brillantes y difíciles son aquellas en las que un jugador sacrifica su dama, la pieza más valiosa, a cambio de otra pieza de menos valor.

-¿Eso no es un error?

-Generalmente lo es -admitió el rey-. Pero a veces es un sorprendente golpe ganador. ¡Porque al capturar la dama su oponente quedará irremediablemente perdido!

Un gran "¡oh!" admirativo recorrió la Sala del Consejo. El ajedrez, para los menos expertos, desplegaba su hechizador manto de misterio.

Tras esta explicación, los ministros se pusieron manos a la obra. Ayudados por cuarenta ajedrecistas aspirantes a maestro, consiguieron cribar treinta mil ciento dos entregas de dama ganadoras. Y el rey, llevado por la impaciencia, se dispuso a memorizarlas una a una. "¡Así ganaré!", se dijo llevado por la emoción.

La princesa Luz, en cambio, abordó el estudio del ajedrez de otra manera. Nunca había mostrado interés por el juego-ciencia y, sabiéndose inexperta en la materia, pidió ayuda a sus mentores. Los sabios, tras deliberar, llegaron a la siguiente conclusión:

-Los primeros días te explicaremos las reglas de juego, princesa. Aprender los movimientos de las piezas te llevará poco tiempo, lo importante es que entiendas su relación con la geometría del tablero -matizaron-. Después, te familiarizarás con las leyes de la estrategia. ¡Profundizarás en las razones que dan sentido al baile que ejecutan las piezas! Y entonces, cuando tu mente esté dispuesta, llegará el auténtico conocimiento: jugarás diez partidas con nosotros y las analizaremos juntos.

A medida que transcurrían los días iba creciendo la expectación ante el inminente encuentro entre padre e hija. Ellos fueron los primeros en notarlo y, para que la competición no afectase a la buena relación que siempre habían tenido, decidieron retomar la costumbre de pasear juntos por los jardines de palacio. Cada mañana, como cuando Luz era niña.

-Nunca debimos perder esta costumbre, hija -dijo al tomar descanso en uno de esos paseos, entre las orquídeas que adornaban la fuente en honor de su difunta esposa, el rey Godofredo-. No debí dejar que los asuntos de Estado me apartasen de mi pequeña. He visto pasar de lejos los mejores momentos de tu adolescencia... y ahora eres una mujer. ¡El tiempo pasa demasiado deprisa hasta para los reyes!

La princesa se miró en los ojos de su padre. Rebosaban amor y, aunque las cosas se habían puesto algo tensas entre elllos, en aquel rincón privilegiado del reino no había rangos: solo eran una buena hija y su amoroso padre, dos corazones que latían al unísono al compás del agua de la fuente.

-Cuando venimos aquí siento que ella nos está mirando... -Luz esparció las palabras sin prisa, sabía que su padre las hacía suyas.

-Hija, aún estás a tiempo de abandonar esta competición absurda. No tienes ninguna oportunidad de ganarme. Diremos que bromeabas, nadie tiene por qué saber que te dejaste llevar por tu mala cabeza.

La princesa quería mucho a su padre, pero amaba más la verdad. Por eso respondió, midiendo mucho las palabras para no herirle:

-Permite que me equivoque, querido padre. Así, suceda lo que suceda, ambos aprenderemos del error.

El rey, viendo que su hija no estaba dispuesta a ceder, concedió una nueva oportunidad:

-Mis espías me han dicho que solo vas a estudiar diez partidas. ¿Cómo pretendes aprender más que con las treinta mil ciento dos que estoy trabajando con mis analistas? ¡Va a ser una escabechina!

Pero la princesa estaba convencida de que su método de estudio era más acertado que la simple fuerza bruta con la que se conducía su progenitor.

Profundizar en el conocimiento le parecía más provechoso que acumular una cifra monstruosa de datos fríos.

Así, el rey Godofredo siguió preparándose para el encuentro acumulando en su memoria las treinta mil ciento dos entregas de dama ganadoras y Luz, en cambio, lo hizo profundizando en el entendimiento de solo las diez partidas que jugó con sus maestros.

Pasaron las semanas y, por fin, llegó la noche previa al encuentro. Esta transcurrió de manera muy distinta para ellos. El rey estaba nervioso, empapado en sudores fríos, ¡las treinta mil ciento dos entregas de dama ganadoras burbujeaban en su mente y le costaba retenerlas en la memoria!; la princesa, por otra parte, concilió el sueño sin problemas, entender lo que había estado estudiando la tranquilizaba.

A la mañana siguiente todo transcurrió según estaba dispuesto: los contendientes se sentaron en sus respectivas sillas, se dieron la mano como hacen los ajedrecistas antes y después de la partida, y las blancas ejecutaron el primer movimiento.

Pronto las cosas tomaron un rumbo inesperado. El rey, que aún no había desarrollado el juego de todas sus piezas, sacrificó su dama a cambio de un humilde peón de Luz. Un golpe táctico insensato, pero coherente con su trabajo de preparación. Hizo tal como había visto en las treinta mil ciento dos entregas de dama ganadoras.

-¡Ajá! -se jactó-. ¡Esta no te la esperabas!

Pasó un buen rato. Casi, casi, media hora. Luego Luz, simplemente, se limitó a capturar la dama y siguió jugando.

"¡Cayó en mi trampa!", se regocijó el rey Godofredo, quien no pudo evitar sonreír de oreja a oreja. "Ahora he de buscar el modo de darle una salida digna, no quiero que mi niña se enfade".

Pero, aplicando un cálculo preciso y el conocimiento que había adquirido en las partidas jugadas con sus buenos maestros, Luz encontró la manera de evitar las complicaciones que había generado la agresiva jugada de su rival.

El rey, confundido, trató de seguir la partida, pero sin su dama no tenía opciones de ganar. ¡La posición que estaba jugando no figuraba entre las treinta mil ciento dos entregas de dama ganadoras que había estudiado! No entendía las sutilezas de lo que sucedía en el tablero blanco y negro. Se sentía como un mono moviendo piezas de madera y Luz, que entendía las maniobras que ejecutaba, se impuso. Con facilidad.

-¡No puede ser! ¡He estudiado sin descanso! –se indignó el rey Godofredo cuando hubo de inclinar su monarca de madera ante la princesa–. Luz, ¿cómo me has ganado? ¿Has hecho trampas?

Luz, que había descubierto la pasión del ajedrez, levantó la mirada del tablero, diciéndole con franqueza:

-Aprendo por mi experiencia.

Y el rey Godofredo, a quien nadie discutía las cosas, recibió una valiosa lección.

El aprendizaje es una de las cuestiones más importantes que debemos abordar como sociedad. Seguramente, la cuestión capital. Los métodos de enseñanza han de adecuarse a las nuevas necesidades de nuestros estudiantes, profundizando en la comprensión de las materias e inspirando en los jóvenes una mentalidad abierta. En un mundo de especialistas, el auténtico conocimiento está en la capacidad de relacionar unas cosas con otras, no en la mera captación de datos. Es por eso que el ajedrez pedagógico, en los estados desarrollados, gana cada día más adeptos. Luz, como propone Aristóteles, no aprende con la finalidad de ganar a su padre: estudia para entender cómo son los principios que rigen el juego.

Cuando Abril acabó de contar el cuento, Dudo suspiró. ¡Se sentía tan identificado con Luz...! El joven gorrión que leía filosofía, por un momento, no se sintió solo en el mundo. Se acordó, sin saber muy bien por qué, de cuando obedecía en la escuela pero su pensamiento estaba lejos de allí. Hacía lo necesario para no ser castigado, lo justo para pasar desapercibido. Para ser un número. Para ser un simple gorrioncillo. Pero con el paso de las estaciones se fue acentuando su carácter rebelde y ensimismado.

El pajarito se estaba reconciliando con su pasado reciente. Aún le quedaba tanto por vivir…

Acomodado en una rama frondosa del arce hubiese querido ponerse a debatir. La seguridad de oír su corazón batir en la madera del árbol era una invitación a compartir sus inquietudes, a buscar la verdad.

En esas reflexiones se encontraba cuando, al posar de nuevo la vista en su libro, vio el dibujo de Aristóteles. Ahí estaba el sabio entre los sabios, escrutado por los ojos traviesos de un gorrión. Dudo, ante esa prueba a la que le enfrentaba el destino, leyó cada palabra llenando de asombro y emoción su pequeño corazón.

ARISTÓTELES DE ESTAGIRA

FILOSOFÍA PARA AVES, pág. 459.

ARISTÓTELES DE ESTAGIRA [384 a.C.-322 a.C.]

"Todos los hombres,
por naturaleza, desean saber".

¿Qué te parece? Así comienza el libro de la "Metafísica", obra cumbre de Aristóteles, el más influyente de los pensadores occidentales.

Porque la búsqueda del conocimiento fue la gran meta del filósofo nacido en Estagira de Tracia, quien vivió entre el 384 a.C. y el 322 a.C. Aristóteles, el alumno aventajado de Platón en la Academia, fue el gran intelectual del mundo antiguo, un referente en muchas disciplinas (metafísica, lógica, ética, política, biología, estética, física, astronomía, teología, retórica...), pues las transformó hasta que tuvieron el cuerpo que tienen ahora. Amaba el saber y, aunque fue bien conocida su capacidad para moverse en ambientes cortesanos, gozaba de la mayor respetabilidad.

La biografía del estagirita nos habla de un hombre especial, predestinado a hacer grandes cosas. Su padre, Nicómaco, era médico del rey macedonio Amintas II. Esto le permitió tener una buena posición económica. Así, un joven Aristóteles de diecisiete años partió hacia Atenas para formar parte de los selectos estudiantes que recibían formación en la Academia fundada y dirigida por el prestigioso filósofo Platón. Este, a su vez, había sido discípulo de Sócrates. El hecho no es trivial, suele describirse el pensamiento occidental como el triángulo formado por estos sabios. Algo exagerado, según parece, pero no muy alejado de la realidad.

Allí le fue bien. Durante su etapa en la Academia tuvo siempre el afecto y el respeto de su maestro, quien celebraba los éxitos intelectuales de su mejor estudiante. Tanto es así que, al encontrarlo siempre centrado en sus estudios, le puso como sobrenombre "el lector". ¡Qué dos mentes potentes fueron a juntarse! Y, además, fue un hombre honrado, como suelen serlo las personas dotadas de un excelente sentido del humor. En su búsqueda de la verdad, criticó abiertamente las tesis de su maestro:

"Soy amigo de Platón, pero soy más amigo de la Verdad"

En esta conocida sentencia manifestó su honradez intelectual, aunque parece que las discrepancias no fueron relevantes en vida de su maestro. Fue tanta la amistad entre ellos que, al morir Platón, Aristóteles se refirió a él del siguiente modo:

"(...) Hombre a quien los malvados no tienen ni siquiera el derecho de alabar,
y que se mostró en su vida y en sus enseñanzas como ser bueno y dichoso a la vez"

¡Todo un homenaje!, ¿verdad? En suma, el estagirita halló en su maestro un amigo que comprendía las interioridades de su alma. ¡Qué gran dicha, que encontrase un mentor como Platón! ¡Necesitaba un guía que le ayudase a desarrollar su divino talento! Por eso, aunque los intereses científicos de Aristóteles le fueron separando de las tesis de su maestro, la enseñanza recibida de la metafísica acompañó siempre al de Estagira. Y es un aspecto que conviene remarcar, pues históricamente la figura de Aristóteles ha sido desvirtuada para presentarnos a un hombre frío, crítico, sin ilusiones, enfadado... ¡Qué lejos queda eso del Aristóteles risueño que descubrimos al analizar seriamente su figura!

¡Pero la felicidad no dura eternamente! Al morir el maestro, el estagirita tuvo que afrontar un dilema: continuar en la Academia bajo las órdenes de Espeusipo, el nuevo director, o irse. Parece ser que no veía las cosas como el sobrino de Platón y, por tanto, acabó fundando una sede de la Academia en Assos, una ciudad de la Tróade. Allí las cosas le fueron bien, pues ejerció una enorme influencia sobre el tirano local y acabo casándose con su sobrina e hija adoptiva. Poco después se trasladaron a Mitilene, en la isla de Lesbos, donde el filósofo trabó mucha amistad con su alumno Teofrasto, con quien parece que escribió la obra psicológico-humorística "Caracteres". ¡Qué Aristóteles tan distinto a la idea del hombre desapasionado que nos habían tratado de inculcar! ¿Te imaginas a los dos filósofos, a hurtadillas junto a los muros de las casas, espiando a sus vecinos para caricaturizarles?

Más adelante, el rey Filipo II de Macedonia invitó al filósofo a la corte de Pella, con el propósito de que se encargase de la educación de su hijo Alejandro. El joven, a sus trece años, tuvo al mejor maestro. No ha de extrañarnos que, con el tiempo, conquistase el mundo con su ejército y se ganase el apelativo por el que hoy es conocido: "Magno". Suele obviarse el papel de otros pedagogos en la educación de Alejandro, quienes también aportaron conocimientos al joven, pero no cabe duda de que la influencia de Aristóteles fue clave en la forja del conquistador.

Pese a la estancia en la corte macedonia, Aristóteles nunca cesó de pensar del modo griego, considerando la ciudad-estado como el eje de la vida en sociedad. El ambiente que se respiraba en el reino de Filipo II era muy distinto del que había en las ciudades griegas, con intrigas palaciegas que se volvieron más intensas conforme se envenenaba la relación entre el monarca y su esposa, la madre de Alejandro: Olimpia.

Le llegó el momento de salir de ese ambiente. Con la entronización de Alejandro, Aristóteles dio por concluida su etapa como preceptor del joven y, presumiblemente, regresó a Estagira. Los lazos entre ambos se habían debilitado, aunque el macedonio reconstruyó la ciudad de Estagira, que había sido arrasada, en honor de su maestro. ¿Sabes cuál fue la causa del distanciamiento entre el mentor y su pupilo? Parece ser que al filósofo le incomodaba mucho que Alejandro pusiese en el mismo escalafón de sus conquistas a los griegos que a los "bárbaros" (los pueblos no-griegos), por lo que discrepaba de esa parte de su política. Tampoco debió contribuir a la solidez de su amistad el hecho de que, acusado de conspirar contra el rey, un sobrino del estagirita fuese ejecutado.

Más tarde, Aristóteles volvió a Atenas. El desarrollo de sus propias ideas imposibilitaba que se reincorporase a la Academia, por lo que decidió abrir su propio centro de enseñanza en el nordeste de la ciudad. Allí, en la zona de Apolo Licio, fundó en honor a las musas el Liceo. ¡La institución se convirtió pronto en un puntal del conocimiento de los antiguos griegos! Sus miembros fueron conocidos como "peripatéticos" por su costumbre de pasear, entre acaloradas discusiones, por una galería cubierta en la que también se daban clases. ¿Te imaginas lo que debió ser formar parte de ese escogido grupo de filósofos? ¡Ojalá fuésemos todos peripatéticos! En el Liceo estuvo muy marcado el carácter de ser una suerte de sociedad en la que los pensadores eran bienvenidos a compartir sus conocimientos y a proseguir allí con sus investigaciones. Algo muy al estilo de nuestras modernas universidades, ¡con biblioteca y cuadro de profesores para el curso regular!

Por desgracia, el sabio tuvo que exiliarse tras la persecución política que se desató contra él. Había muerto Alejandro Magno y, en Atenas, se exacerbó el odio hacia Macedonia y hacia las personas vinculadas con la potencia extranjera. ¡Como si Aristóteles hubiese tenido la culpa del expansionismo macedonio! Dicen que las palabras de Aristóteles al huir, en clara referencia a cuando el inflexible sistema judicial de la ciudad llevó a Sócrates al suicidio, fueron:

"Marcho para evitar que los atenienses pequen por segunda vez contra la filosofía"

Se sabe que, establecido en Calcis, pasó lo que le quedó de vida en una pequeña hacienda heredada de su madre, hasta que murió por enfermedad.

¡Pero nos quedó su obra! ¡Qué belleza, cuando el filósofo argumentó que la verdadera sabiduría no es utilitaria, que no está encaminada a asegurar determinados efectos ni a producir ninguna cosa concreta! Decía que esta sabiduría suprema persigue descubrir los primeros principios de la realidad, que su propósito es alcanzar el conocimiento por lo que este vale en sí mismo. En otras palabras, desechó la búsqueda de conocimientos prácticos en favor del estudio por el mero afán de saber. ¡Como se espera de un sabio!

Ello implica que este saber es asequible para el hombre, pues solo requiere curiosidad para ser testigos de su presencia. Sin embargo, es la ciencia más difícil: al ser abstracta es la más alejada de los sentidos y, por tanto, la que más esfuerzo mental requiere para su comprensión. Se tratará, también, de la ciencia más exacta, pues al tener menos principios estos son más cognoscibles: son más simples que sus derivaciones y ramificaciones.

Para llegar a estas conclusiones, Aristóteles fue formulando sus teorías sobre el conocimiento en diferentes libros (en realidad eran rollos de papiro, con una estructura interna similar a la de nuestros libros actuales). Uno de sus más relevantes tratados es su obra sobre la lógica, en el que este peldaño primitivo en la escalera del conocimiento llevará al lector a las puertas del saber de orden superior al que hacíamos referencia: la metafísica. ¡El auténtico conocimiento!

Para entender el modelo de pensamiento propuesto por el gran filósofo nos ceñiremos a un ejemplo ilustrativo, aunque su obra es tan extensa, hermosa, compleja y variada que cualquier comentario sobre Aristóteles es muy pobre en comparación con lo que el estagirita merece.

Supongamos un elemento geométrico que todos conocemos: el ángulo. Si te preguntase qué fue antes, si el ángulo de 45º o el de 30º, ¿qué contestarías? La mayoría suele responder que es el de 30º. Y en el sentido de tiempo cronológico es así: para alzarse hasta los 45º, la recta del ángulo debe pasar primero por los 30º. Esta es la forma en la que aprendiste en la escuela. Y, si aceptas la insolencia, la forma en la que muchos son conducidos a odiar las matemáticas.

A este problema, Aristóteles propone otra visión: en un sentido de tiempo lógico, el ángulo de 90º es anterior al de 45º. Se basa en que, para nuestra mente, la forma natural de conocimiento es la que se apoya en el estudio de las causas primeras. Así, imaginar un ángulo recto (el de 90º) es muy sencillo, pues encaja con nuestra primera imagen mental al tratar de conseguir ángulos sobre una línea recta. ¡Ha sido tan fácil como hacer la bisectriz del ángulo de 180º que forma la susodicha recta! Luego, de forma intuitiva, el de 45º es la bisectriz del mencionado ángulo de 90º. Piensa en ello: partimos de un ángulo de 180º (paso 1, la recta), a este le trazamos la bisectriz (paso 2, ángulo de 90º) y, a este ángulo resultante, le hacemos una última bisectriz (paso 3, ángulo de 45º).

¡Fíjate bien, es sorprendente! Midiendo el tiempo cronológicamente necesitamos 45 pasos tras recorrer, uno por uno, cada grado hasta llegar al ángulo de 45º; si medimos el tiempo lógicamente, llegamos al mismo ángulo... ¡en solo tres pasos!

Con respecto a sus obras, se clasifican tradicionalmente en tres períodos de su biografía:

A) Primer período (su estancia en la Academia y la influencia directa de Platón): suelen ser diálogos, caracterizados en que es el mismo Aristóteles el que dirige la conversación. Sus ideas se alinean con las de su maestro, al tiempo que usa un lenguaje especialmente bello.

B) Segundo período (actividad en la Academia de Assos y en Mitilene): es una fase en la que empieza a apartarse de las doctrinas de Platón. Él seguía considerándose "académico", pero critica sus principales postulados. ¡Con respeto, como corresponde a las grandes disputas intelectuales! De hecho, en su principal texto filosófico presenta a su maestro como el cénit de la filosofía precedente, pero abre la puerta a puntos de vista contrarios. Parece ser, según los expertos, que ya esbozó el libro de la "Metafísica" en este segundo período.

C) Tercer período (con la fundación y dirección del Liceo en Atenas): es la época del Aristóteles más empírico, embarcado en cimentar la edificación de su robusta obra filosófica. Para ello, se organiza con detalle para aportar a sus investigaciones contenidos históricos y naturalistas, una importante novedad de trabajo clasificatorio para aquellos tiempos. ¡Cuánta entrega al estudio! Con frecuencia se ha tratado de manipular este hecho para transmitir la idea de un Aristóteles positivista, pero no hay constancia de que abandonase el estudio de la metafísica. De hecho, las obras que escribió durante esos años son de carácter pedagógico y han traído de cabeza a los estudiosos del estagirita porque es complicado unificarlas bajo un mismo epígrafe. ¿Verdad que parece absurdo ese empeño por reducir la figura de Aristóteles a una estrecha línea de pensamiento? Hoy se tiene por buena la explicación de que eran textos de lógica y de metafísica dirigidos a sus alumnos en función de la clase que impartiese, sin responder a un temario definido y compilados con mucha posterioridad a su redacción.

-ÉPOCA: S. IV A.C.
-LUGAR DE NACIMIENTO: ESTAGIRA.
-OBRAS DESTACADAS: METAFÍSICA, POÉTICA, ÉTICA A NICÓMACO.
-IDEA PRINCIPAL: LA VERDADERA SABIDURÍA ES LA QUE ESTUDIA EL PRINCIPIO DE LAS CAUSAS PRIMERAS DE LAS COSAS.
ARISTÓTELES DE ESTAGIRA

CAPÍTULO XVI

-"Y el rey Godofredo, a quien nadie discutía las cosas, recibió una valiosa lección" -terminó de contar el señor conejo.

-Le pesaba más la corona en la cabeza que las ideas -comentó la adolescente.

-¡Le estuvo bien empleado, al rey Godofredo! -se burló el señor conejo-. ¿A quién se le ocurre intentar aprender las cosas de memoria?

-A mí me enseñaron así -puntualizó Abril-. Me robaron el entendimiento de las cosas.

La joven se apoyó en una acacia. Las hojas acompañaban al viento en sus lamentaciones.

-¡Ese rey estaba cegado por la victoria! ¡No quería aprender! ¡Solo, ganar! ¡Es ridículo!

-¿De qué sirve recordar el día exacto en el que un pintor perdió el sombrero, si no se es capaz de distinguir un cuadro suyo de una mala copia? ¿De qué, el año de nacimiento de un poeta, si se es ajeno al sentimiento de sus versos?

-¡Pero dicen que hay que poner orden en las fechas! ¡Que el orden importa mucho!

-Para eso están las enciclopedias y los ordenadores, que no piensan -arguyó Abril, al tiempo que el señor conejo, orgulloso de ella, asentía con la cabeza-. El entendimiento es como la seda: sirve para acariciar la mente, para que las ideas se instalen en esa morada de pliegues suaves.

El argumento era tan bello que su interlocutor, no pudiendo contradecirlo con palabras que expresasen algo mejor, cerró la boca. Las comisuras de sus labios se sellaron, podría decirse que nunca había salido sonido de ellos.

-No te preocupes, conejo -intercedió la chica-. Nos tienen engañados a todos. Tú, al menos, tienes tu ingenio.

El señor conejo, alegre por la altura de miras de la joven y cabizbajo porque comprendía que había madurado, preparó su corazón para perderla:

-Ese camino te llevará a la ciudad. Tómalo y no mires atrás.

Abril, agradecida, le acarició la mejilla.

-Eres un conejo listo y valiente -le dijo-. ¡Ojalá nos acordemos de este momento para siempre!

El señor conejo puso voz de conejo serio:

-Ha sido un placer conocerte, Abril.

Pero estaba quebrado por dentro. Le dolía horrores la despedida y no sabía si su pequeño corazón resistiría el adiós, pues lo tenía muy estropeado tras perder a su amigo el gigante.

"Debe ser fuerte y seguir sus pasos, adentrarse en la madurez sin nostalgia por lo que quedó atrás, porque ya no pertenecemos al mismo universo", trató de convencerse a sí mismo.

Dudo, el gorrión que leía filosofía, se forzó a mirar desde la acacia cómo la adolescente caminaba descalza hacia la edad madura. Los tobillos de Abril, en su perfecta simplicidad, le parecieron tan elocuentes como su manual de filosofía.

Mientras esto pasaba, la chica se iba alejando. Al señor conejo, conforme tomaba distancia, le iba pareciendo cada vez más pequeña. La idea le pareció graciosa, pues los sentidos le engañaban: costaba oírla y verla, pero se había hecho mujer.

Entonces, al señor conejo le tomó preso la nostalgia:

-¡Vuelve, Abril! ¡Vuelve!

Pero no había vuelta atrás. Abril se despidió con la mano. La adolescente dejaba atrás su mundo de niña, se adentraba definitivamente en la madurez. Sabía el riesgo que corría y, aunque lo más fácil hubiese sido abrazar la seguridad que le ofrecía la infancia, estaba decidida.

Su salvador, por última vez, quiso obsequiarla un cuento. Lo narró en voz muy baja, mientras Abril se perdía en la distancia, para que las palabras no escapasen del todo y así, cuando echase de menos a sus amigos, soñar que un día se volverían a ver.

-"Se dice que, hace mucho tiempo, habitó en la ciudad de León una mujer cuya riqueza rivalizaba con la de los mismos reyes" -empezó a decir, entre lágrimas.

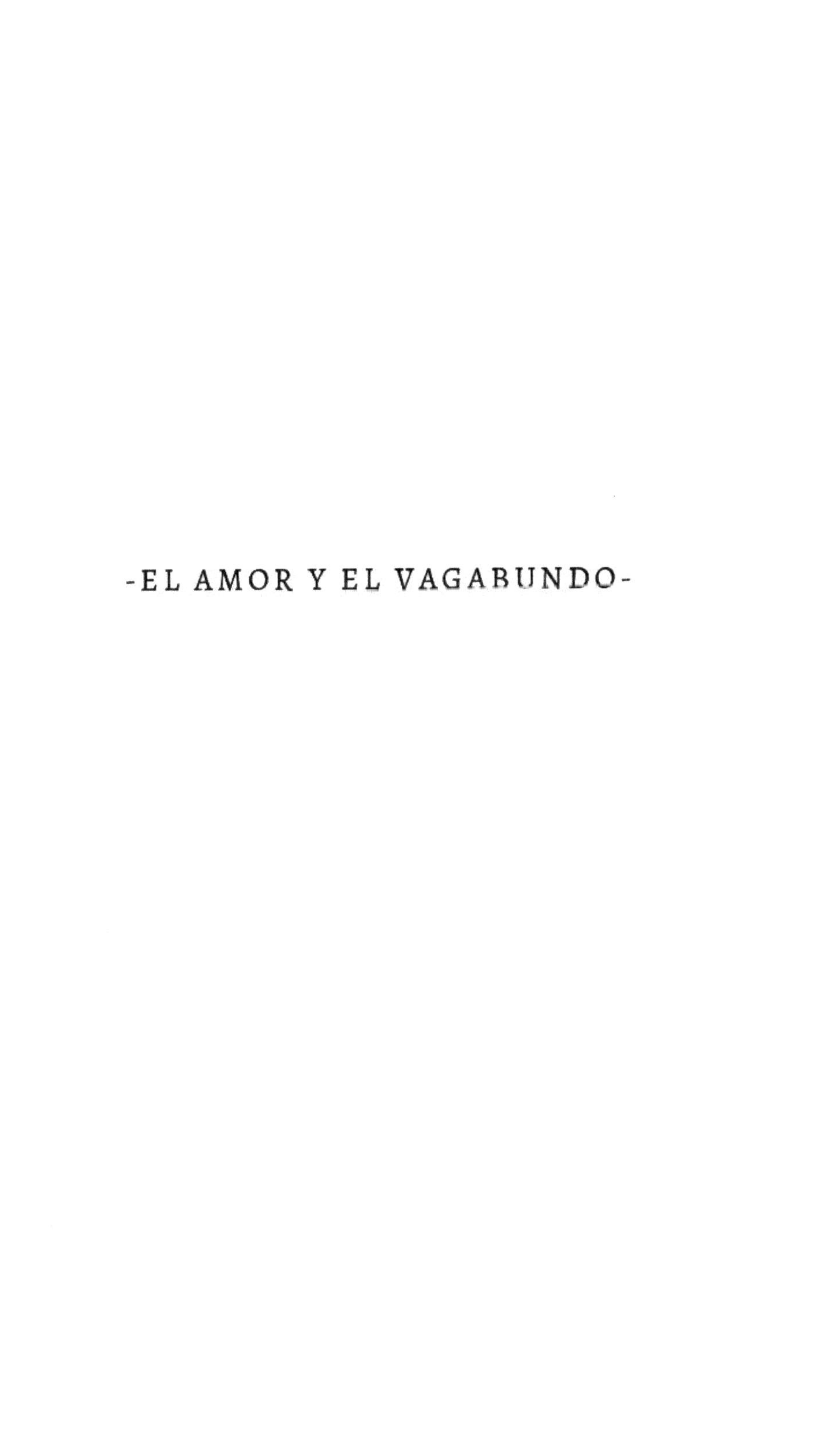

-EL AMOR Y EL VAGABUNDO-

La condición necesaria para que se produzca un verdadero cambio en nosotros pasa por entender que ese cambio es imprescindible para poder respirar un día más. Así, el proceso nos afectará globalmente. De otro modo, ¿cómo obtener beneficio de un cambio que solo tuviese que ver con un aspecto de nuestra personalidad? ¿Qué sentido tendría obviar la naturaleza de ese cambio si pudiésemos tenerlo atado "para que no moleste"? Ha de molestar. Ha de doler. Ha de estar presente en nuestra toma de decisiones.

Recuerdo con nitidez la noche que cambió mi visión de la vida. Fue a los trece años, en una cama de hospital. Hasta entonces había sido un niño sin preocupaciones, sobreprotegido. En aquellos días, cuando la enfermedad llegó sin avisar, estaba, más que asustado, desorientado. Con el tiempo supe que, pese al primer diagnóstico, no tenía miedo porque, simplemente, carecía de la capacidad de asustarme. Me estaban haciendo pruebas para determinar cuántos órganos tenía dañados y me daba igual porque, en mis pensamientos, creía que no podía ser que algo tan terrible me estuviese ocurriendo a mí. A fin de cuentas era un chico del montón, con una existencia de lo más normal, cumplidor de las normas... Pero una de esas noches, mientras echaba de menos la escuela, escuché una conversación que me abrió los ojos a la realidad. Fue, en plena madrugada, el horror en mayúsculas: los jóvenes padres de un bebé con hidrocefalia discutían con una enfermera... porque no querían hacerse cargo de él. Me sorprendió que, con su escaso lenguaje, fuesen capaces de encontrar tantas palabras feroces para describir a su hijo. A gritos. La suerte del bebé estaba echada y, a mí, me cambió la vida.

Se dice que, hace mucho tiempo, habitó en la ciudad de León una mujer cuya riqueza rivalizaba con la de los mismos reyes. Había conseguido todo aquello de lo que se encaprichó, pero siempre le faltaba algo que colmase sus deseos. A veces, cuando le daba por ponerse melancólica y pensar, se preguntaba cómo podían, los pobres, sonreír si a ella, tan rica, se le encogían los pulmones de frustración por los bienes que aún no tenía.

Un día, cansada de hacer números para controlar sus propiedades, se despojó de su pose de estricta gobernanta y se marcó el objetivo de, sencillamente, mezclarse con la gente y dedicar la jornada a ver las nubes pasar. "¡Tú sigue así, ya verás!", se permitió decirse a sí misma, a modo de reproche. Algo en ella tiraba de su cuerpo para regresar a su mansión, como si el viento que cruzaba la ciudad se negase a dejarla avanzar. Mas, pese a ello, consiguió llegar a la Plaza Mayor. Allí, unos niños jugaban a la pelota mientras sus padres, que hacían ver que descansaban, vigilaban sus juegos infantiles.

No miró atrás. Se acercó a la fuente de la plaza, una construcción en piedra muy antigua. Ella, que podría haber reinado de habérselo propuesto, lamentaba el paso del tiempo. Se pudría como esas flores a las que se riega demasiado, incapaz de asimilar el aluvión de bienes que atesoraba. Las riquezas, sueños y oro, hablaban a su oído palabras venenosas; la fuente, con el rumor de las aguas, limpió la desidia de su pensamiento atormentado. De tanto tiempo viviendo como se suponía que debía hacerlo. De vivir la vida que alguien había decidido por ella.

Entonces, para sorpresa de la gente, la rica mujer se puso de rodillas en tierra. Todos la miraban. "¡Está loca!", decían. Y ella, los brazos en alto, llamó a las puertas del cielo. El viento la escuchó, acudiendo a su auxilio. Lo hizo acompañado por el agua de la fuente, empapándola.

Un vagabundo la estaba observando. Ella se dejó observar. Cruzaron miradas. "Vamos todos al mismo sitio, ¡todos!, aunque tú vistas como una señora y yo sea un mendigo". Luego, se acercó y tendió su mano a la dama en apuros. Una mano acartonada, sucia, con cicatrices.

La mujer acaudalada se tomó su tiempo para tomar la mano del vagabundo, que las prisas no son buenas. Al poco, se formó un gran revuelo cuando empezó a despojarse de sus joyas y a tirarlas a la fuente. Las pulseras fueron fáciles de sacar, los anillos cedieron con más dificultad y un collar, de preciosas esmeraldas, se resistía, aunque también lo arrojó a las aguas. La gente que estaba allí, sorprendida, la señalaba con el dedo.

-¡A partir de ahora voy a hacer lo que quiera! –dijo la mujer.

-Esas joyas, ese dinero... ¿No eran para poder hacer lo que se quiera?

La pregunta del vagabundo fue directa como un estilete de los que apuñalan corazones. La mujer estuvo tentada de dar una respuesta rápida, pero se contuvo. Después, picada en el orgullo, pensó en una respuesta mordaz. Aunque no fue necesario que dijese nada: unos hombres se estaban peleando como perros para hacerse con las pulseras, los anillos y el collar.

-Cuando llegué eran hombres. Padres amorosos que cuidaban de sus hijos.

-Las joyas les han convertido en bestias –concedió el vagabundo-. A su lado, yo tengo los modales de un príncipe.

Y, haciendo una reverencia, le ofreció el antebrazo. Caminaron juntos hasta un banco. Tomaron asiento, protegidos del sol por la sombra de un imponente chopo.

-El maestro de la brisa esparcirá el secreto de nuestro amor –dijo el vagabundo, pensando en el árbol.

La mujer, quien entendía el juego, no se inmutó:

-¿Quién soy yo para juzgarlo?

Había expresado, en pocas palabras, el gran secreto de la vida: la indiferencia. Las viejas categorías de lo que estaba bien o lo que estaba mal carecían de sentido para ella. Eso mismo, días atrás, hubiese sido impensable, pero estaba renovada. El agua de la fuente obró milagros, ya no había marcha atrás.

Todas las cosas que podían pasar habían llegado. Los cambios que se operaron en la mujer solo otra mujer podía entenderlos. Le había llegado el momento de dejar de dosificar los placeres, ¡de entregarse a sus pasiones! La niña que jugaba en su corazón amontonaba arena para hacer caminos, senderos que la llevasen a lugares donde siempre iba a sentirse viva.

El vagabundo asintió complacido.

-Nosotros nos queremos tanto que siempre estaremos enamorados –concedió la mujer.

-¿Y si te abandono, un día, y me voy a otro lugar a vender sueños?

La mujer rica entornó los ojos. Le sobraba todo: la ropa, el aire que respiraba, el latido de su corazón...

-¿Me das un beso?

Sus palabras se oyeron en toda la Plaza Mayor. En toda León. Resonaron con fuerza en todo el universo porque, al fin y al cabo, eran amor verdadero.

Solemos prestar mucha atención a lo que cuesta conseguir las cosas. "Estudia mucho", "esfuérzate", "trabaja", "ahorra"... Son expresiones que oímos a diario. Palabras que, de tan interiorizadas, pensamos y decimos todos los días.

Ahora bien, ¿prestamos la misma atención a lo que cuesta deshacerse de las cosas?

A Dudo, el gorrión que leía filosofía desde la acacia, le entusiasmó la historia. ¡Así era como deseaba ver la vida! Su más alto ideal era despojarse de todo lo superfluo y, así, tener la mente ocupada en ampliar sus conocimientos. "¿Seré algún día como los filósofos de mi libro? ¿Alguien recordará mi nombre cuando me haya muerto?"

Pero esa noble tarea naufragaba en mares de incomprensión cuando, como en el momento presente, se miraba en el espejo de los pájaros que le precedieron. Ni tuvo una formación acorde a altas miras ni le acompañaba el mismo talento que a ellos.

"Algo habrá en lo que pueda ser bueno", trató de justificarse. Porque, más allá de contentarse con admirar lo bello, poco más podía hacer. Aprender a recitar lo hacían mejor los loros y, en lo que a alcanzar la sabiduría se refería, ni esperanza tenía de aspirar a medirse con la longevidad de las lechuzas. Se le erizaron las plumas de detrás de la cabeza, proyectando sombras chinescas en las páginas del libro. "¿Esto es lo máximo de lo que soy capaz?", se preguntó al ver moverse las sombras sobre las letras. Un poco de oscuridad aquí, algo de luz allá... pero el conocimiento que rebosaba el libro escapaba del alcance de su mente limitada porque, a fin de cuentas, solo era un gorrión en un mundo de águilas. Cerrado en sí mismo, como las hojas de la acacia que se iban plegando.

Se quedó el pajarito mirando el cielo, por si la estrella más brillante salía para él. "¡Oh, estrella más brillante del cielo!", exclamó en silencio. "¡Bendice mi ignorancia y líbrame del hambre que me mata por dentro!".

HIPARQUÍA DE MARONEA

FILOSOFÍA PARA AVES, pág. 501.

HIPARQUÍA DE MARONEA [346 a.C. 300 a.C.]

La filósofa Hiparquía de Maronea, quien vivió, aproximadamente, entre los años 346 a.C. y 300 a.C., fue la primera gran defensora de los derechos de la mujer, pues criticó la asignación de roles sociales en función del género y se opuso al patriarcado. Las aves deben saber que fue una persona muy valiente, además de una ilustre pensadora.

En primer lugar conviene que sepas que fue la única representante femenina de la escuela cínica, lo que nos da cuenta de las dificultades que tuvo que hacer frente para convertirse en filósofa. Hiparquía tuvo muchas barreras para estudiar, pues como mujer griega se exigía de ella que se dedicase a tejer en casa, no a participar en tertulias de intelectuales. Por suerte, su hermano fue filósofo y parece que se encargó de instruirla. Según los textos que nos han llegado, Hiparquía abandonó el hogar paterno a los 15 años, enamorada del filósofo cínico Crates. Este amor por un hombre mucho mayor que ella le supuso una gran pérdida de estatus social, pues su familia era muy adinerada y, en cambio, los cínicos se distinguían por llevar una existencia al margen de propiedades. ¿Te imaginas el escándalo que se formó? Crates, consciente de la arriesgada decisión de Hiparquía, intentó disuadirla. Para ello, se presentó completamente desnudo en casa de sus padres, exhibiendo la joroba que le caracterizaba:

"Este es el novio y, estas, sus posesiones"

Dichas estas palabras, confiaba en que Hiparquía abandonase la idea de ser su esposa, pero fue en vano: la joven amenazó con suicidarse si no se casaba con ella. Así, junto a Crates, dejó atrás una vida lujosa, pero carente de libertades, a cambio de vivir libre en la más estricta pobreza. Esta decisión provocó el enfado de sus padres, pero la filósofa fue fiel a sus convicciones y no cedió. Tanto es así que, dicen las crónicas, selló su amor por Crates... ¡fornicando en las escaleras de un portal público! (Esta excentricidad no debe sorprender a los gorriones, pues los filósofos cínicos presumían de su falta de sentido del ridículo y, con frecuencia, orinaban, defecaban, se masturbaban o fornicaban a la vista de todos).

Demostró, con la práctica, que la mujer podía acceder al conocimiento en igualdad de condiciones que el hombre. ¡Era rebelde y contracultural! Su ataque al determinismo antropológico abrió camino a que otras pensadoras también se atreviesen a exponer sus ideas. ¡Hiparquía nos demuestra que una sola voz puede hacer que cambien las cosas! ¡Hiparquía, quien no dudó en vestir harapos y en ayudar a los desfavorecidos!

Conforme iba adquiriendo conocimientos en materia de filosofía, Hiparquía se hizo más visible en la vida política ateniense. Se opuso al modo tradicional de vida griego, donde la mujer era apartada de las funciones públicas y se negaba su acceso a los círculos de intelectuales. ¡Era una luchadora! ¡Y muy culta! Tanto es así que, en los muros de la Acrópolis, aún resuenan los ecos de sus discusiones con el filósofo cirenaico Teodoro el

Ateo, quien odiaba que Hiparquía asistiese a las reuniones a las que era invitado Crates. Según él, solo las hetairas (damas de compañía) podían hacerlo. Esto provocó que, con ocasión de un banquete en casa de Lisímaco, la filósofa se hartase de las quejas de Teodoro y le dejase en evidencia ante el resto de comensales. El encontronazo, muy celebrado en la literatura universal, comenzó porque, tras una invectiva de Teodoro, Hiparquía se defendió con un sofisma aplastante, en el que daba a entender que, si Teodoro se hacía daño a sí mismo con sus palabras, ella también tenía derecho a dañarle. Entonces, Teodoro se quejó amargamente de que una mujer estuviese entre ellos y se atreviese a filosofar, por lo que esta se defendió:

¿Crees que he hecho mal en consagrar al estudio el tiempo que,
por mi sexo, debería haber perdido como tejedora?

El filósofo, iracundo y avergonzado, le arrancó la ropa para humillarla, pero solo consiguió que el resto de intelectuales se burlase de él y alabase la actitud de la cínica.

Por desgracia se han perdido sus obras, de las que solo nos han llegado referencias externas y muy escasas. En definitiva, gorrión, sus enseñanzas se pueden resumir en la necesidad de llevar una vida austera, siendo la ausencia de lujos el camino hacia la felicidad. Esta tesis tiene consecuencias morales. Recuerda que, para los filósofos cínicos, no existe diferencia entre el aspecto que mostramos a los demás y cómo somos realmente. Así, cualquier juicio que nos hagamos sobre el aspecto que presenta alguien debido a su atuendo... no es más que un engaño de nuestros sentidos.

-ÉPOCA: S. IV A.C.
-LUGAR DE NACIMIENTO: MARONEA
-OBRAS DESTACADAS: NO SE CONSERVAN.
-IDEA PRINCIPAL: LA MUJER HA DE GOZAR DE IGUALDAD EN LA SOCIEDAD
HIPARQUÍA DE MARONEA

CAPÍTULO XVII

El claro quedó vacío. Los únicos vestigios del día eran una gran piedra y las huellas de Abril al alejarse. Del señor conejo, no quedó ni el recuerdo. Un antiguo olivo, joya del Mediterráneo, gobernó la soledad.

Llegó un jasare, vestido de azul, siendo de madrugada. Era un poderoso hombre negro ya entrado en edad, el guardián y difusor de las historias que debían ser contadas. Era el último djerma sabio que conocía los secretos que le había transmitido a su abuelo el abuelo de su abuelo. En su voz ardía el polvo del Sahara; el mosaico de su rostro cuarteado recordaba al lomo de la cobra que pintó el héroe Gorba Dikko, quien firmó un pacto mágico, viajó al infierno y vio que allí cantaban su epopeya.

El jasare buscaba un baobab, pero no halló más que olivos. Resignado, tomó asiento junto al que le pareció más imponente, retorcido y milenario; Dudo, en una de las ramas del árbol esplendoroso, leía su manual de filosofía al tiempo que se complacía en picotear las aceitunas.

El arte del jasare recorrió las venas de la noche cerrada en el bosque. Cerró los ojos, se hincharon sus pulmones. Los dedos rápidos y vigorosos del músico ascendieron por el mástil del moolo, acarició las tres cuerdas con la maestría que le daban los años de práctica, hizo sonar los cencerros de metal que las rodeaban.

"La dueña de este moolo se llamaba Abril.

Tenía dieciséis años y toda la vida por delante.

En el instituto no había chica que se le pudiera comparar en belleza

y, ¿sabéis?, destacaba más por su talento aunque nadie se lo reconociese.

Porque nadie se lo reconocía y por eso se sentía extraña.

Porque nadie se lo reconocía y por eso se sentía extraña.

¡Abril!

-¡Tenía dieciséis años!

¡Abril!

Un día fue al bosque y mató a mil jóvenes gigantes de piedra.

-¡No nos mientas, jasare! ¡Fueron diez mil!

Un día fue al bosque y mató a diez mil jóvenes gigantes de piedra.

-¿Cómo los mató, jasare? ¿Tenía una escopeta mágica?

No tenía escopeta.

Ni tampoco amuletos.

Tenía un amuleto.

¡Abril!

Tenía un violín que destruía corazones de piedra.

¡Yiik!

Los mató con su música, tan hermosa que les partió el corazón.

Uno a uno, a diez mil jóvenes gigantes de piedra.

¡Yiik!

Entonces el padre de los gigantes fue a cobrarse cumplida venganza,

pues un padre tiene derecho a disponer de la vida del asesino de sus hijos.

-¡Esa es la justicia, jasare!

Pero, cuando iba a aplastar sus sesos…

¡Pum, pim, pam!

Pero, cuando iba a aplastar sus sesos,

un conejo parlanchín detuvo su mano.

-¡No nos lo creemos!

Que me quede sordo, manco y ciego si miento:

cuando iba a aplastar sus sesos, un conejo parlanchín detuvo su mano.

Se pusieron a discutir y el conejo parlanchín trató de convencerle.

-¿De qué?

De que Abril y él estaban hechos de la misma cosa,

por lo que matarla era matarse a sí mismo.

-¿Y de qué le dijo que estaban hechos?

De agua.

-No te inventes las cosas, jasare.

Que me quede sordo, manco y ciego si miento:

le dijo que estaban hechos de agua.

Y le contó un cuento.

-¿Qué cuento?

Uno, en el que cien sabios debían resolver cómo salvar la tierra,

pero estaban muy equivocados.

-¿Y qué pasó?

Pasó que un chico sin estudios encontró la solución:

¡había que prestar atención al agua!

Esa es la razón por la que el conejo parlanchín contó el cuento,

pues así hablaba el hombre yuyu Tales de Mileto.

Decía que el agua es el principio de todas las cosas.

¡Abril!

-¿Qué pasó con Abril? ¿Huyó del bosque? ¿Mató al gigante?

Abril no tenía necesidad de escapar porque la defendía el conejo parlanchín.

-¿Cómo, jasare?

Cantando su moolo hasta que llegase la noche.

Cantando su moolo hasta que llegase la noche.

-¿Para qué?

Para que el gigante cayese en un sueño profundo por toda la eternidad.

-¡Bendito sea el conejo parlanchín!

¡Abril!

-¿Lo consiguió?

Eso no os lo diré hasta que sepáis una cosa.

-¡Eres muy cruel, jasare!

Abril y el gigante se pasaron todo el día escuchando el moolo,

el conejo parlanchín tuvo fuerzas para cantar su moolo todo el día.

¡Abril!

Y tuvieron por testigos al viento...

-¡El viento nunca escucha!

Y tuvieron por testigos a las aguas del río...

-¿Por qué nos mientes?

Y tuvieron por testigo a un ratón distraído.

-¡Eso sí lo creemos, jasare!

Los colores iban cambiando en el claro del bosque,

para Abril no fue fácil adaptarse después de tantos cambios.

Los árboles se convirtieron en árboles distintos,

cada uno con sus propios frutos,

cada árbol con sus hojas,

protegiendo con su sombra a los adolescentes

que están tan confusos como confusos son los caminos.

El conejo parlanchín cantó hasta que la lengua se le volvió de arena.

Como la arena del desierto.

Como la arena del desierto.

¡Abril!

Las historias le fueron robando tiempo al propio tiempo

y el gigante cedió en su ira.

¡Se hicieron amigos!

"¿Por qué?", deseáis preguntar al autor de este moolo.

Un moolo que he escrito yo y aquí os lo entrego,

un moolo que he escrito yo y que ya no es mío.

Como soy bueno os lo diré.

Como soy bueno os lo diré.

¡Abril!

-¡Jasare!

¡Abril!

El conejo parlanchín le ayudó a recordar que era un buen gigante,

pues lo había olvidado.

¡A veces los puros de corazón tienen los recuerdos confundidos

y se parecen a las hienas!

Le transmitió las enseñanzas de todos los filósofos.

No se dejó a ninguno.

-¡Eso es imposible, jasare!

De todos no, pero sí de muchos.

¡Abril!

Puso en su voz la voz de Tales.

-Eso ya lo has dicho.

Puso en su voz la voz de Tales y la de Anaximandro.

Puso en su voz la voz de Tales, la de Anaximandro, la de Pitágoras y la de Heráclito.

-¡Eso está mejor, jasare!

Puso en su voz la voz de Tales, la de Anaximandro, la de Pitágoras, la de Heráclito, la de Parménides, la de Empédocles, la de Zenón, la de Gorgias, la de Protágoras, la de Aspasia, la de Sócrates, la de Arístipo, la de Platón, la de Diógenes, la de Aristóteles, la de Hiparquía y la de Epicuro.

¡Abril!

¡Le transmitió la enseñanza de muchos!

-¿Cómo lo hizo?

Tenía un secreto.

Un secreto que os voy a transmitir,

un secreto que debéis guardar.

-¿Cuál es ese secreto, jasare?

El secreto de la evolución de las ideas.

Que todos los filósofos están conectados como si fuesen uno solo.

¡Abril!

Que todos los filósofos están conectados como si fuesen uno solo.

Que todos los filósofos están conectados como si fuesen uno solo".

. . .

Dudo, el gorrión que leía filosofía, abrió su libro por la página 566, dispuesto a empaparse de las enseñanzas de Epicuro de Samos. En el olivo, con la voz grave del jasare en los oídos, se soñó revoloteando por Atenas, aunque fuese solo una vez.

Dudo, al fin, supo que no debía temer a la vida.

-LA ASAMBLEA DE ANIMALES-

¿Para qué hemos nacido? Recuerdo, en mis tiempos de universitario, que me llamó la atención cómo los nobles ideales sucumbían a la corrupción. Éramos una generación cargada de ilusiones, nos horrorizaba la perspectiva de seguir el camino de nuestros antecesores, quienes habían llenado el mundo de arsenales nucleares y fronteras con pinchos. Creímos que la caída del Muro de Berlín y el final del Apartheid serían suficientes para una nueva era, pero los estereotipos se repitieron bajo otras formas. Los jóvenes luchadores se habían quitado la corbata y simulaban ser más abiertos de mente que sus padres, pero cuando empezaron a ocupar las cotas de poder vacantes se demostró que los nuevos eran aún peores que los anteriores porque, esta vez, tenían medios para cambiar las cosas y no lo hacían.

La mirada escéptica a lo colectivo tenía su paralelismo en la introspección personal. La vida me ofrecía la posibilidad de buscar un trabajo rutinario o ser escritor. Pensé largo tiempo en ello, no quería convertirme en una de esas personas que en la vejez descubren que no han sido felices y, por otro lado, sentía el vértigo de ver pasar los años sin tener ingresos fijos.

Era una asamblea de animales. Se encontraban reunidos en el claro de un bosque los animales que lo habitaban. Allí estaban los vivarachos gorriones, las dicharacheras ardillas, las atareadas abejas, los remolones osos y las bellas luciérnagas. Había también otros buenos vecinos, claro, pero la lista era tan larga que perderíamos mucho tiempo en enumerarlos.

Los animales estaban debatiendo qué debían hacer para ser más felices, porque veían cómo la vida pasaba y no la disfrutaban. Una ardilla, demasiado impetuosa para estar callada, decidió tomar la palabra adelantándose a sus compañeras:

-Nosotras vivimos sin preocupaciones –dijo-. Los robles nos dan todas las bellotas que queremos y el río ofrece agua en abundancia. ¿Qué más podemos desear? De lunes a domingo, todos los días sale el sol. ¿Se os ocurre mayor felicidad que pasar el tiempo entre las flores, rascándonos la barriga y rodando ladera abajo?

Un búho perspicaz, el más anciano de los presentes, quien llevaba puestas unas grandes gafas de pasta, objetó:

-A primera vista parece un buen plan de vida, pero le falta algo. Despreocuparse es no dejar que las cosas nos afecten. Es vivir en la ignorancia del dolor y, por desgracia, también de su opuesto, el placer -invitó a las ardillas a reflexionar-. Y, si no tenemos sensaciones, ¿cómo generar emociones? ¿Cómo discernir entre lo que es bueno para nosotros y las cosas que nos hacen daño?

Las ardillas, por lo general bulliciosas, se quedaron en silencio. Su hermosa visión de un mundo de flores daba como resultado un universo sin moral. Reconocieron la sabiduría del búho: dedicaron unos segundos a reflexionar pateando el suelo con vigor. Luego, se distrajeron con el vuelo de una mosca y nunca volvieron a pensar en ese asunto.

Tomó la palabra un gran oso pardo, cuya voz potente hizo que todos callasen.

-Os empeñáis en vivir en comunidad, pero eso no funciona –comenzó a decir-. Los osos vamos a la nuestra, no necesitamos a nadie. ¡Ni siquiera a otros osos! Nos gusta vivir en una cueva, donde nadie venga a molestar, durmiendo el tiempo que haga falta.

El búho, quien se acomodó las gafas, no estaba de acuerdo:

-Ese estilo de vida puede ser que os vaya bien a los osos, porque sois grandes y fuertes. Pero los demás animales necesitamos una familia. Estar con los nuestros nos hace sentir seguros, afrontamos juntos la adversidad cuando se presenta.

No estuvo muy de acuerdo el oso con esas palabras, mas no se quedó a discutirlo. Se internó en la maleza y desapareció. Un abejaruco, el más curioso de su especie, quiso hacer una pregunta al oso, pero no pudo.

-¡Muy típico de los osos! –se quejó una rana y, tras acomodarse bien el monóculo que llevaba, se dirigió a los demás-. El único modo de vida aceptable para las ranas es la dedicación completa al estudio. En nuestras charcas, bajo el agua, disponemos de magníficas bibliotecas. Allí se encuentra el saber acumulado por los batracios más ilustres de la historia. ¡Leemos tanto que los ojos se nos han hecho más grandes que a los otros animales!

-El bosque abarca más que vuestra charca –intervino el búho, cuyos ojos y sabiduría no eran menores que los de la rana-. ¿De qué os sirve acumular los conocimientos de otros si os falta el contacto con la realidad? Sois como enciclopedias polvorientas, ¡el aroma de una flor tiene más valor que todos vuestros conocimientos de botánica!

La rana, avergonzada porque comprendía que el búho tenía razón, se escondió de las miradas de sus vecinos y se puso a croar para disimular.

-¿Cómo podemos ser felices? -se lamentó amargamente una pequeña culebra.

Los animales se miraban buscando respuestas. Ni siquiera el búho se atrevía a decir nada.

-Esto os pasa porque no trabajáis –dijo, de pronto, la representante de las abejas-. Hay que dejarse de hacer el vago y concentrarse en trabajar. De sol a sol, sin descanso. ¡Mirad a las abejas, lo bien que nos va! ¡La colmena está en expansión!

El búho no estaba de acuerdo con la reprimenda de las abejas.

-¡Siempre riñendo! ¡Siempre riñendo! -se quejó.

No es que estuviese en contra de hacer ciertas labores, pero era partidario de hacerlas con moderación. Y el abejaruco, que pensaba como él, dio un paso al frente para demostrar que apoyaba los argumentos de su compañero.

-Parece que habéis olvidado el verdadero sentido del trabajo: proveerse de lo que es imprescindible para seguir viviendo. Incluso, si queréis, de algunos lujos. Pero no es algo por lo que merezca la pena vivir. Ha de haber algo más. ¿Dónde, si no, quedan la filosofía y el cultivo de las artes? ¿O pensáis que podemos permitirnos un bosque sin sabios ni artistas? ¡Yo no quiero levantarme por las mañanas y que el bosque sea un cementerio silencioso! ¡Quiero cantar! ¡Quiero disfrutar de buenas conversaciones! ¡Quiero conocer el mundo!

-¡Eso no es lógico! –argumentó la abeja-. ¡El trabajo nos hace dignos! ¡Nos hace honrados! ¡Hace que apreciemos el esfuerzo diario!

El abejaruco dio otro paso adelante.

-¿Quién desea vivir como una abeja? –preguntó el búho a los demás animales-. ¿Qué sabe, de la vida, una abeja? ¿Es distinto el día en que nació del día en que morirá? ¡Solo verá un tipo de flor, aquel que libaron otras abejitas atareadas antes que ella! No conocerá el mundo, enclaustrada en su colmena. Ni distinguirá entre lo que es bueno y lo que está mal, pues no tendrá experiencias.

La abeja, enfadada, se quejó con voz chillona. Hubiese picado al búho con mucho gusto, de no ser porque era muy obediente y su reina se lo prohibía en las asambleas.

El abejaruco, de nuevo, dio otro paso adelante.

-¡Esto es una vergüenza! –manifestó con acritud, pues lo que oía no le hacía ni pizca de gracia-. ¡Sois todos unos vagos! ¡Es intolerable! ¡Adónde vamos a llegar! ¡Nosotras nos pasamos todo el día trabajando pero vosotros…!

Y el abejaruco, cansado de tanta tontería, se comió a la abeja.

La búsqueda del placer, en todas sus formas que no dañen a otros, es un ideal de vida perfectamente válido. Muchas personas, educadas en complacer a los demás, olvidan la necesidad de satisfacer sus anhelos personales. Estos pueden ser muy simples, como la adquisición de un objeto material, o de tipo más complejo, como hacerse con nuevos conocimientos.

Reconocer y dar satisfacción a los propios gustos requiere que hagamos un importante ejercicio de introspección. ¿Quiénes somos, realmente? ¿Cuál es el mejor de los mundos posibles para nosotros? Hay tantas posibilidades como personas, la respuesta nos vendrá solo si, frente a un espejo imaginario, somos capaces de separar lo que se espera de nuestras acciones con respecto a nuestros apetitos. ¡Otra cosa será que la persona que examinemos sea de nuestro agrado o que nos llevemos una decepción!

Dudo, el gorrión que leía filosofía, hizo cuanto le fue posible por mantener la compostura, por ocultar su asombro. Pero un movimiento nervioso de la cola le delataba. Desde el cascarón le había sido inculcada la idea de que el conocimiento estaba reñido con la vida alegre. Creía que solo se alcanzaban grandes gestas intelectuales con gesto ceñudo y austeridad, pero el cuento mostraba una forma de resolver los problemas alejada de esa actitud. "¿No llevaré demasiado tiempo comportándome como una abeja?", se dijo con el miedo propio de quien se mira al espejo por primera vez.

Las hojas finas del olivo recogían a su alrededor el aroma intenso de las aceitunas, le corrió por los pulmones la necesidad de ver mundo. ¡La imaginación del pajarito franqueaba las verjas que delimitaban su pequeño universo! Halló, en sus deseos y esperanzas, el coraje para volver a creer, para volver a abrazarlos cuando los había pensado perdidos.

Desde las ramas altas del olivo veía el bosque en su amplitud; la altura se revelaba insuficiente para examinarse a sí mismo. ¡Pobre Dudo, que había construido un edificio de conocimientos aparentemente sólido! ¡Pobrecito, ahora que esa premisa podía ser un espejismo! El tiempo de tomarse a sí mismo tan en serio se había agotado y, por eso, pasó las hojas del libro con el pico torcido.

"El cielo, azul; las nubes, blancas", dijo, suspirando, Dudo, el gorrión que leía filosofía.

EPICURO DE SAMOS

FILOSOFÍA PARA AVES, pág. 566.

EPICURO DE SAMOS [341 a.C.-270 a.C.]

Toda ave educada ha de saber que el filósofo Epicuro, fundador de la escuela que lleva su nombre (Epicureísmo), nació en los alrededores del año 341 a.C. en la isla de Samos y que falleció en Atenas hacia el año 270 a.C.

Sus orígenes fueron muy humildes, pues era el segundo de cuatro hermanos en el seno de una familia pobre. ¡Qué penurias pasó en su infancia!

Su padre, maestro de escuela, procedía de la populosa Atenas. De él, Epicuro heredó la ciudadanía ateniense y el amor por el conocimiento. De su madre, en cambio, sabemos que era adivina. ¡Debió de ser una familia muy peculiar!

La familia se había establecido en Samos a raíz de la ayuda estatal que impulsó su colonización por parte de la potencia helena. Los habitantes de Samos que estaban en conflicto con Atenas habían sido exiliados, de modo que muchos atenienses en busca de fortuna se trasladaron a la pequeña isla con intención de explotar las tierras abandonadas.

Consta en los registros históricos que el joven Epicuro descolló entre los demás por su sed de saber. ¡Era un estudiante superlativo, como se espera que tú lo seas! Por lo que sabemos, no le bastaba con estar al tanto de las tradiciones, sino que buscó arduamente empaparse de las teorías de los filósofos. Así, en su adolescencia fue discípulo de un alumno de Platón instalado en la isla, llamado Pánfilo, de quien aprendió las bases del idealismo platónico. Sin embargo, sus enseñanzas no le dieron satisfacción y, sintiéndose engañado, rechazó esa corriente de pensamiento. ¡Un empuje para formular sus propias doctrinas!

Cuando, a los dieciocho años, hubo de cumplir el servicio militar en Atenas, pasaron tres hasta que retomase el contacto con su familia. Viajar, a diferencia de lo que ocurre hoy en día, era una aventura que pocos se atrevían a permitirse. Era peligroso y caro, con frecuencia más un modo de abandonar la pobreza del hogar que para ver mundo. El reencuentro se produjo en la ciudad de Colofón, a causa de que las leyes de amnistía recientemente promulgadas permitieron que los habitantes de Samos desterrados recuperasen sus tierras. Así, al verse obligados a devolver los terrenos que habían estado explotando como colonos, los padres de Epicuro se vieron forzados a emigrar.

Epicuro vivió allí diez años, hasta 311 a.C., estudiando a cargo del filósofo atomista Nausífanes, quien moldeó de forma decisiva su pensamiento a pesar de que la relación entre ambos se deteriorase de forma dramática. ¡Parece ser que el carácter del estudiante era volcánico! Eso no está reñido, pero interfiere, con la capacidad de estudiar. Epicuro, francamente enfadado, dirigió al que fue su maestro invectivas muy duras e insultos feroces.

En esa misma época se hizo con unos terrenos en Mitilene (Lesbos), donde fundó su primera escuela de filosofía. ¡El alumno dejaba de serlo y tomaba el papel de profesor! Pero el proyecto fracasó al poco tiempo, pues Epicuro tuvo graves encontronazos con los agresivos aristotélicos radicales de la zona, molestos por las nuevas ideas que estaba propagando. "¡Esto es tierra de Sócrates, Platón y Aristóteles!", le expresaron, poco sutilmente, a garrotazos y pedradas.

Debido a estos problemas se fue a vivir a la ciudad de Lámpsaco, a orillas del Helesponto, donde las cosas le fueron bien. Hizo amigos influyentes y, con su ayuda, se rodeó de un círculo de seguidores fieles que aceptó de buen gusto sus doctrinas. ¡Para pensar con claridad no hay nada mejor que la vida tranquila!

Se sabe que, hacia el año 306 a.C., regresó a Atenas, donde se instaló definitivamente hasta el día de su muerte. Con sus ahorros compró una casa y un pequeño terreno en las afueras, en el camino hacia los puertos del Pireo, donde fundó "El Jardín", la escuela de filosofía que le hizo inmortal. Allí, en una suerte de retiro espiritual, eran admitidas toda clase de personas… ¡incluso mujeres y esclavos! ¿Te imaginas el fuerte escándalo para los atenienses de la época? De vocación rupturista, en "El Jardín" se daban cita tanto personalidades respetadas como célebres amantes de la vida disoluta, por lo que eran bienvenidas las charlas profundas y, también, desenfrenadas celebraciones, grandes fiestas. ¡Habría que verles filosofando! Para los atenienses conservadores fue un enorme dolor de cabeza, les provocaba vergüenza y estupefacción.

Conocemos que el filósofo estuvo impartiendo sus lecciones en "El Jardín" hasta que falleció. Contaba 72 años de edad y, según su alumno y posterior director de la escuela Hemarco, su agonía se alargó durante catorce días "(…) hasta que la retención de orina provocada por el mal de la piedra nubló su vista".

En su testamento, conservado por Diógenes Laercio, consta que, entre sus voluntades, Epicuro manifestó que se concediese la libertad a cuatro de sus esclavos.

El pensamiento filosófico de Epicuro está orientado, en términos generales, a la búsqueda del placer, aunque esta idea no debe entenderse como algo superficial. Construye una ética a partir de la experimentación con los sentidos, siendo el mayor placer aquel que haga felices a los demás. ¡El epicureísmo es generosidad!

Todas las aves han de saber que tradicionalmente se clasifica su obra en tres partes: canónica, física y ética. En la canónica se examina el modo en que llegamos a distinguir lo verdadero de lo falso. Ello se consigue a través de los sentidos, pues ante cada sensación reaccionamos con placer o con dolor, dándose lugar a los sentimientos. Estas sensaciones, conforme se repiten, van quedando grabadas en nuestra memoria y forman las "ideas generales". Las ideas, para ser efectivas, han de ser muy claras, de igual modo que las sensaciones que las producen.

Estos principios que nos llevan a conocer la realidad toman cuerpo en la física. Así, los cuerpos se hallan formados por dos elementos fundamentales: átomos y vacío, el espacio que media entre los primeros. ¡Hasta el alma, afirma Epicuro, está formada por átomos, por lo que muere con el cuerpo cuando este perece! Cabe señalar que el conjunto de la realidad es, para el filósofo, eterno: simplemente cambia la cadena de causas y efectos que une o separa los átomos.

De esto, se deriva un azar que asegura que haya libertad en el proceso. Es la salvaguarda de la ética, la parte más importante de su obra. La filosofía de Epicuro, mediante la ética, tiene como meta llevar a su estudiante a la felicidad. Dicha felicidad, que ha de ser el objetivo de todas las personas, tiene como bases la autarquía (autosuficiencia para alcanzar metas en el ejercicio de las propias virtudes) y la ataraxia (tranquilidad de ánimo, lo que debe hacerse según la propia naturaleza).

Esta concepción eticista se justifica en evitar el miedo y perseguir el placer. Los humanos, según Epicuro, tienen cuatro miedos fundamentales que les apartan del estado de felicidad: miedo a los dioses, miedo a morir, miedo al dolor y miedo al fracaso. ¿Qué te parece este postulado de Epicuro? ¿Compartes esos miedos? Para el filósofo no tenía sentido temer a los dioses, pues sus vicisitudes están demasiado alejadas de las nuestras y poco les importamos. Más bien, teniendo presente sus capacidades, son un modelo de virtud a imitar. En cuanto a la muerte, la consideraba irrelevante, pues es un estado en el que no hay sensaciones y, por tanto, no se padece. Algo semejante pensaba sobre el temor al fracaso, pues el futuro no depende de nosotros y, en ese sentido, preocuparse carece de sentido.

Pero el miedo al dolor es otra cosa más seria, pues todos lo padecemos y sentimos su presencia. Tal vez seas un ave demasiado joven para entenderlo, pero forma parte del día a día de las personas condenadas al suplicio del dolor crónico. Para ser efectivos contra ese miedo, el filósofo propone una escala de persecución de los placeres físicos muy pragmática, centrándose en perseguir aquellos más naturales y asequibles. Y, como colofón a su obra, debe precisarse que, para Epicuro, los placeres del alma son superiores a los del cuerpo, pues son más duraderos y, además, pueden eliminar o aliviar los dolores que aquejan a este. ¿Lo ves? ¡El epicureísmo es profundo, no son las teorías de cuatro vagos diletantes y descontrolados! ¡No te dejes engañar!

CAPÍTULO XVIII

Luna brillante no estás,
te oculta la noche.
Rescátame ya,
la oscuridad me envuelve.
Me atrapó la soledad,
lloro en la noche.
Nunca encontraré,
a nadie que me comprenda.

Pues, si ya pongo en mis sentidos éxtasis,
¿qué me falta por vivir?
Tengo frío en el corazón,
no me encontrará el amor.
Me engañó el silencio en el que te mentí,
sufro mucho, pienso en ti.
¡Oh, oh! Bella luna, ¿me perdonarás?
No hay ninguna como tú...
Luna brillante no estás,
te oculta la noche.
Me pongo a pensar,
quiero ver tu sonrisa.
¡Oh, oh! Si el dolor no para ya,
acaba conmigo.
¡Algo he de hacer!
¡Voy a componer para ti!
Las horas pasan lentas en este lugar
donde nunca quise estar.
Dime, luna, ¿cuál es la razón
de no ser como los demás?
Buscaré el camino que lleva hasta ti,
sé que no puedo fallar.
¡Oh, oh! Bella luna, ¿me perdonarás?
No hay ninguna como tú...
Las horas pasan lentas en este lugar
donde nunca quise estar.
Dime, luna, ¿cuál es la razón
de no ser como los demás?
Buscaré el camino que lleva hasta ti,
sé que no puedo fallar.
¡Oh, oh! Bella luna, ¿me perdonarás?
No hay ninguna como tú...

FIN

www.ingramcontent.com/pod-product-compliance
Ingram Content Group UK Ltd.
Pitfield, Milton Keynes, MK11 3LW, UK
UKHW021837270726
14058UKWH00002B/210

9 788412 187700